小説 第4次産業革命

The Fourth Industrial Revolution

日本の製造業を救え！

藤野直明
Naoaki Fujino
梶野真弘
Masahiro Kajino

日経BP社

小説　第4次産業革命

The Fourth Industrial Revolution

目次

index

小説　第４次産業革命

COLUMN

第1章 *Chapter 1.* 顧客が消える！

1

二〇二〇年三月初旬、皇居のお濠に沿った道を**藤堂敬介**は観光客を縫うように足早に歩いていた。身長一八三センチ、体重一〇〇キロ。四五歳の元ラガーマンはやや強い日差しを浴びて、額の汗をタオルで拭きながら、

「皇居周辺は外国人には格好の観光スポットだな」

ぶつぶつ小さな声で呟いた。だが、頭の中では別のことを考えている。突き抜ける青空とは

裏腹に、頭の中は薄くもやの掛かった状態だった。

「言っていることは理解できないわけではないが、どうにも腹落ちしない」

それは藤堂が先ほどまで参加していた、ものづくり企業を集めた都経済新聞社主催の講演会でのことだった。講演会には企業の経営者や技術者ら約五〇〇人が参加して、熱心に聴き入っていた。

セミナーのテーマは「第4次産業革命に乗り遅れないために」。ドイツで始まった政府主導の「**インダストリー4・0**」の現状をドイツ企業の先行事例で解説したうえで、日本の製造業は製造設備やロボット、人工知能（AI）に投資しないと世界の潮流から取り残されるという内容だった。

特に、製造設備に取り付け、設備の**チョコ停**[*1]の予兆保全を効果的に行うセンサーやソフトウエアの**IoT**（インターネット・オブ・シングス）導入と併せてロボットや画像認識領域のAI導入がこれから重要になるという内容だった。

「工場のチョコ停の予測程度なら、ウチの現場の設備担当ならいつも見ているから、日常的に十分できている。予測外のチョコ停が生産性を阻害しているケースは年に何回もない。いくら

＊1……チョコ停：生産設備が何らかのトラブルで短時間の停止や空転などを何度も繰り返していること。

人手不足だからといって、人手でやっている工程に単にロボットを導入してもロボットの稼働率は低いだろうし、人手不足がそれだけで解決するわけでもない」

「ＡＩが猫と犬を見分けられるのは凄いことかもしれないけれど、それが一体、工場の生産性向上とどう結びつくのだろう。聴いていた他の参加者はあれで腑に落ちているのかな。その程度のことを〝**第４次産業革命**〟と呼ぶのは大げさ過ぎる」

藤堂は率直にそう感じた。

藤堂は金属加工を生業とする従業員数三〇〇人の製造業の社長だ。Ｔｉｅｒ２と呼ばれる二次下請け会社である。その巨漢は大学時代にラグビー部主将として秩父宮で活躍したときから一部では注目されていた。社会人チームからの誘いもあったが、卒業と同時にラグビーからは足を洗い、コンピューターメーカー系の会社でシステムエンジニア（ＳＥ）として働いていた。父の会社を継いだのは社会人になって五年目のことだ。

家業を継ぐつもりはなかった藤堂だが、父親が胃がんになったことから、看病のために実家に通っているうちに、番頭役の**石塚英二郎**専務からシステムの相談を頻繁に受けるようになった。

当時の会社の規模では情報システム専門の部門を置く余裕はなく、名ばかりの兼務で情報システム担当者を任命するのがせいぜいだった。電子メールから始まって社内ＬＡＮの構築などの問題で石塚から相談されているうちに、相談内容がシステム関連から徐々に経営問題に変わっていき、いつしか、どっぷり会社経営の一端を担う立場になっていた。

石塚は社長である父**敬造**の女房役で、創業時から資金管理を一手に引き受けてきたやり手だった。あるとき、藤堂はあまりにも見事に自分が後継者に誘導されたのに気づき、「オヤジと共謀したのでは？」と石塚を問い詰めたことがあったが、石塚は涼しい顔でこう答えた。

「いえいえ、自然の成り行きでしょう。血は争えないということです」

藤堂はいつの間にか、ものづくりの魅力にはまっていった自分のことを振り返ると、それ以上石塚を問い詰めることはできなかった。

幸い、敬造のがんは完治したものの、治療の過程ですっかり体力が落ちてしまった。藤堂は敬造の胸中を考え、一七年前から二代目社長を引き継いだ。社長を引き継いでからは決して順風満帆ではなかったが、いくつかの景気変動を乗り越えて、事業は拡大してきた。

藤堂製作所という社名だった父親の時代には従業員数五〇人、家電部品の量産切削加工だけの事業だった。それが二代目になって家電部品に加え、自動車部品の切削にまで事業領域を拡大した。

一〇年前から徐々に大手自動車会社の二次下請けではあったが、取引量を格段に増やすことに成功し、会社の屋台骨となる事業にまで成長した。加工精度と品質管理力が取引先から評価され、ホシダ技研のエンジン部品を手掛けている大手部品会社のトーカイに高級ミニバン向け**カムシャフト**[*1]を納めるまでになった。

量産とは対極にある多品種少量生産の精密切削加工部門にも進出した。一品ものや小ロットの高精度切削、試作品などの製作を手掛けている。社内に腕の良い職人が多数いたので、思い切ってその職人たちを中心に匠の技術を売りにするセールスを展開した。

ここ数年の間に量産自動車部品とは異なり、格段に高精度な仕上げを要求されるジェットエンジンの**ケーシング**[*2]やル・マン二四時間耐久レース用エンジンブロックとカムシャフトまで請け負うほどになった。高い技術力が必要な精密切削加工部門は、売上高の多寡はともかく十分に収益が見込める分野に育ってきた。

三年前には、社名をケイテックに改めた。従業員数三〇〇人の企業にしては不相応ではあったが、研究開発（R＆D）部門を新設して研究開発に着手した。

研究職を募集すると、ユニークな人材が全国から集まった。

「磨かれた金属に萌える」と公言して憚《はばか》らない工学博士の**定岡雄一郎**は、東北の大学で博士課程を終えた後、就職先が決まらず、いわゆるポスドクとして一〇年間も研究室に居候していた。研究室でケイテックの募集を知り、慌てて応募し、入社していた。

この三〇代後半の定岡が研究開発部長に就任し、二〇代の大学院出たての研究者四人を加えて基礎研究を担ってきた。

三〇代前半の主任、**鮫島明**ら技術者五人が5軸マシニングセンターやフライス盤などを操作して、研究者がアイデアを出した図面はどんなものでも形にしていった。この一〇人のチームは意欲的に新しいテクノロジーに取り組んだ。

その結果、二年もしないうちに精密切削加工の領域では駆け込み寺的な存在として知られるようになった。五年前からは切削加工だけではなく切削の後工程まで拡げてワンストップサービスで提供することを狙い、溶射事業を手掛けるようになった。

溶射とは耐摩耗、耐熱遮熱などを付加するために切削・研磨した金属面に別の金属やセラミックなどを熱によって溶融噴射させ、対象の金属面に材料を吹き付けて特殊な皮膜を形成することで表面を改質するものだ。いわゆるコーティングである。

この溶射事業を組み込むことで、バリューチェーンを一歩拡大し、付加価値を高めるのが狙いだった。読みは当たり、最近では国内トップのエンジン部品を手掛けている巨大部品会社イシイ精機からエンジン・シリンダーの表面加工の仕事を獲得するに至っている。

考えながら歩いているうちに、気がつくと東京駅の近くまで来ていた。

＊1……カムシャフト：camshaft、４ストロークエンジンでバルブを開け閉めするのに使われるパーツ。回転運動を往復運動に変える。断面が卵型のカムが一つ、あるいは複数取り付けられた軸のこと。
＊2……ケーシング：機械が収まっている筐体《きょうたい》。

「今日は京浜東北線に乗って帰るとするか」

会社に戻るには東海道線に乗り、横浜駅で乗り換えるのが一番速いのだが、先ほどの「もやもや」を解消したいという思いが頭を掠《かす》めた。車窓を眺めてぼんやり頭の整理をしながら帰ろうと決め、平日夕方とあって混みはじめたＪＲ京浜東北線に乗り込むと、空席をみつけて座った。

だが、もやもやは一向に解消しない。それどころか、逆に不安な気持ちにもなってきたのだ。そのうちに、電車は磯子駅に着いた。藤堂はゆっくりと電車を降りると、これまでののんびりとした時間の流れを振り払うかのように、足早に改札を出て会社に向かった。

藤堂の会社であるケイテックは横浜市磯子区にあった。磯子駅から徒歩で一〇分、横須賀街道より一ブロック、海側に位置している。モノを動かすにも人が移動するにも便利なロケーションである。現在、ここには量産加工部門、精密切削部門、溶射部門のすべての事業部が集結している。

藤堂の父敬造は自ら事業を手掛ける際に、まず大規模な土地を取得していた。それは当時の会社の規模を考えると分不相応な大きさといえた。磯子最大の料亭である偕楽園が閉園になり、根岸湾の開発が始まった一九六〇年代のことで、何もない土地を思い切って買い取った結果だ。

「敬造さんは頭がおかしくなった」

周りの工場経営者からはさんざん陰口を叩かれたが、敬造は雑音には一切耳を貸さず、将来、工場が大きくなったら、これぐらいの敷地は必要だろうという確信から購入を決断したのだった。土地購入と時を同じくして、磯子は京浜工業地帯として一大工業地帯になっていった。

一九八〇年代後半からの地価高騰、バブル経済の時代になると、ケイテックが保有する広大な空き地に目を付けた不動産業者や工場経営者が次から次に訪れ、驚くほどの買収価格を提示してきたが、敬造は頑として首を縦に振らず、

「そのうち、うちの工場は大きくなるので……」

というセリフで撃退した。

二代目の藤堂敬介が事業の拡大と事業部の増強に対応することができたのは、父親の先見性のお陰だった。

土地の含み益によって担保価値が拡大した結果、取引銀行とは良好な関係を維持できた。土地さえあれば銀行から融資を受けることは簡単だった。もっとも、九〇年代のバブル崩壊後は一転して銀行からは貸し渋りにあった。藤堂は再び地価上昇を期待したが、それは叶わぬ夢だった。

「銀行が事業そのものを評価して融資してくれるといいのだが、そうじゃないからな」

藤堂は愚痴をこぼすことが多くなった。

そんな状況にあって建て増し、建て増しではあったが、時間をかけて本社のほか、本社工場、精密切削工場、溶射工場の三工場を増設してきた。それでも自社の用地には、まだ複数の工場

を建てるぐらいの余裕があった。

2

藤堂は電車を降りた藤堂はタクシーは使わず、商店街を通り抜けて猛暑の中を徒歩で会社に戻った。営業部の前を通って奥にある自分の机に行こうとしたところ、部員たちがバタバタとなにやら慌ただしい。

いつもの穏やかな空気感とは違う、何かピリピリした感じがした。

「おい、何かあったのか？」

窓際にある部長席の椅子の脇で仁王立ちしている**柳川健治**を見つけ、思わず藤堂は声を掛けた。

「社長、大変残念な事が……」

表情を強張らせた柳川は、そう言うと続く言葉を呑みこんだ。

「慌てずしっかり説明してくれよ」

少々イライラしながら藤堂が言った。

「はい。実はトーカイから相談されていたホシダ技研の次期モデルのカムシャフトの調達で、我が社は対象から外されました！」

柳川が、少し早口でまくし立てた。

「なにっ？　そんなバカな。……あの案件は相当頑張って価格交渉して、軽量化施策まで講じた戦略的な製品だぞ。そんな簡単に負けるものか」

藤堂は瞬間的にかっと頭に血が昇ってしまい、声を震わせた。

「敗因は一体、何だ？」

先を促すように、じっと柳川の目を見た。

「詳しくはわからないのですが、トーカイ担当の小林主任が言うには、業界トップのシンダス社がわが社より安く、しかも五％軽量化したカムシャフトを持ち込んだようです」

柳川は目が虚ろだ。

「われわれの戦略的製品より軽く、もっとコストダウンしたカムシャフト？……信じられん」

藤堂は柳川から目を外して、窓の外を見た。

「社長、これでわが社は稼ぎ頭の一つを失ってしまったんですか？」

普段は元気のいい営業部の新入社員、及川奈々子が静寂を破って泣き出しそうな声を出した。

その声を手で制し、藤堂は大きな声でいつもの通り、ゆっくりした口調で指示した。

「まだ決まったわけじゃないぞ。失地回復できる余地があるか確認してみよう。小林主任！　明日、トーカイの担当に会いに行く。すぐにアポ取りを頼む」

柳川とデスクを間にはさんで向き合っていた入社一五年目のベテラン営業マンの**小林誠**は冷静だった。

「承知しました。トーカイの調達担当者と連絡を取ってみます」

翌日午後三時過ぎ、小林を引き連れ、藤堂は新横浜から新幹線に乗って静岡県浜松市のトーカイ本社を訪問した。

トーカイはホシダ技研傘下の最有力の自動車部品メーカーである。エンジンの委託生産、トランスミッション、自動車用電子部品の供給までを一貫して手掛ける一部上場企業だ。そのトーカイ向けカムシャフト生産の四割はケイテックが担っていた。ケイテックにとってトーカイからの受注は売上高全体の五割を占める。

トーカイはホシダ技研の次期モデルの主力ハイブリッドカーのエンジン開発を担当している。より高燃費を実現するため、エンジンの軽量化に取り組んでいた。協力会社としてケイテックもそのプロジェクトに参画していた。

そんな矢先に飛び込んできたのが前日の情報だった。

藤堂ら一行は受付から会議室に案内された。

「受付嬢だけで六人もいる！」

久しぶりに訪れたトーカイ本社オフィスの豪華さにキョロキョロしながら会議室に向かうと、廊下のＬＥＤ照明がやけに眩しい。

「さすが、上場会社のオフィス環境は違うな！」自社のつましい会議室の様子を思い浮かべ、藤堂はため息をついた。

ケイテックの一行は会議室に通され、一〇分経ったところで調達部第四課課長の**黒岩崇**が現れた。会議テーブルをはさんで黒岩が着席すると、ほぼ同じタイミングで藤堂は椅子から立ち上がり、一気に用件を伝えた。

「いつもお世話になっております。お忙しいところ、申し訳ございません。何分、当社としても社運をかけたプロジェクトですから、昨日ご連絡いただいた結果に挽回の余地があるものかどうか、確認するために訪問した次第です」

実直そうな風貌の黒岩は、やや気圧《けお》されたように身を小さくしてこう返した。

「御社にはいつも助けてもらって、感謝しています。ただ、今回は上層部の決定なので、正直言って私どもでは手が出せません。シンダス社に決まった理由は、ホシダ技研の開発テーマである〝軽量化〟に相当貢献できたからで、上層部には渡りに船だったようです。そこで握られてしまった。こうなると、われわれも口出しできません」

「どのぐらいのスペックだったのですか？」

「守秘義務の関係もありますので直接数字は申せませんが、重量に関しては御社製品より五％以上の軽量化に成功しているようです。私の口からお話しできるのは、ここまでです」

「価格の方はどうだったんですか？　大きな差があったのでしょうか？」

「はっきりとは申せませんが、両社とも同じようなレベルです」

「逆転を期待できるものなのでしょうか？」

藤堂は椅子から身を乗り出していた。

「正直、非常に厳しいと言わざるを得ませんね。万一、あるとすれば、短期間でシンダス社を出し抜くコスト削減と軽量化プランを提示することでしょうか」

黒岩は申し訳なさそうに、真っ直ぐ藤堂の目を見ながら答えた。

「**PPAP（生産部品承認プロセス）**[*1]の関係もあるので、最大四カ月がリミットです」

「ありがとうございます。それではうちとしても最大限、努力して採用されるようやってみます」

「個人的な意見でしかないのですが、私はケイテックの製品が好きですよ。何か、温もりがあるというか、魂が宿っているというか……カムの鏡面部分の輝き方が他社とは全然違っていますから」

「ありがたいお言葉です。黒岩課長のご期待に沿えるよう頑張ってみます」

トーカイからの帰り道、

「首の皮一枚でつながっている感じだな」

藤堂は独り言を呟いた。

「社長、黒岩課長にああ言い切って大丈夫だったんですか？」

不安そうな表情で小林が尋ねた。

「バカ言え。ああ言うしかないんだ。しかし、強度を保持しながらこれまで以上の軽量化というのはハードルが高い。黒岩さんの期待にも応えたいし、何よりこのままシンダス社にやられっぱなしになるのは、技術を売りにするわが社としては耐えがたいからな」

藤堂は意を決した様子で言った。

「そうですよね。頑張りましょう。新しい試作品を作って黒岩課長を驚かせます。でも、価格は同じレベルということなので、この戦いは軽量化競争ということですね」

「その通り。工場に戻ったら、チームを集めて対策会議を開こう」

＊1……ＰＰＡＰ（生産部品承認プロセス）：自動車業界で外部のサプライヤーから購入する部品や材料を承認する手続き。承認のための一般的な要求事項が規定されている。国際的な自動車産業の認証制度で重視されている。

3

藤堂はケイテックに戻ると、専務の石塚、経理部長の山岡洋二、営業部長の柳川、製造管理部長の**田中太郎**、次長の佐々木啓二、研究開発部長の定岡、同主任の鮫島を緊急招集して会議室に集めた。

「わが社の存亡が懸かっている。なんとしてもシンダス社への決定を覆したい。協力してくれ」

藤堂は生まれて初めてと言っていいほど深々と頭を下げた。

定岡と鮫島を中核とした緊急対策チームは翌日から本社棟の右手にある研究棟に集結して、従来の製品より一層軽量化したカムシャフト制作を目標に試作に着手した。与えられた時間はわずか四カ月だ。

ケイテックは鍛造丸材をカムの形状に切削する「一体品タイプ」と、一個一個のカムを別々に作ってシャフトで串刺しにする「組み立てカム」の二タイプを製造していた。

対策チームは当初、軽量化を切削による一体品タイプと組み立てタイプ型の二方向から検討した。切削による一体品タイプは高精度・高剛性での製造は可能になるが、現状では乾いた雑巾を絞る程度しか軽量化できないことから早々に見切りをつけ、組立型カムシャフトの軽量化に目標を絞り込んだ。

だが、開発は難航した。あっという間に二カ月が過ぎた。定岡と鮫島の研究開発チームは、焦りの色をにじませていた。

「また駄目か！　シャフトを軽量化し過ぎると剛性が足りず、カムの取り付けが不安定になる。鮫島、仕様書上、シャフト軸のφ（パイ）はまだ太くできるか？」

三歳年上の定岡が鮫島に確認する。

「もう少し太くできます」

シャフト軸を切削工具で削っていた鮫島は目を上げずに答えた。

「意見を聞きたい。このφでの肉薄化はそろそろ限界だと思う。むしろ、φを大口径化してより薄くするアプローチをしてみたいんだけど、どう思う？」

定岡が方向転換を提案した。

「私も賛成です」

「では、その方針でやってみるか。でも、大口径の前に現状のφで剛性が不足した部分を解析して、脆弱部分の肉盛り化を先に進めてみてくれ」

定岡が鋭い視線で鮫島を見る。

「わかりました。解析してみます」

　そこへ、藤堂がやってきた。

「みんな、進み具合はどうだ？」

「社長、順調です。と答えたいところですが、正直言って苦戦しています」

　鮫島が自虐的に答える。

「そろそろ、腐り始めたな。昭和堂のメロンパンを買ってきたから、一息ついてくれ」

「それはありがたい」

　本社棟の営業部からやってきて、少し離れた事務机のパソコンでなにやら作業をしていた小林が大きな声で言った。

「小林さんはまだ貢献していないでしょう？」

　定岡が笑いながら茶化した。

「私は場の雰囲気を和ますための存在ですよ。技術の細かいところまでは、まったくわかりませんから」

「そうだな。でも、お前が真っ先にメロンパンを食べ始めるのはどうかな」

　藤堂がニヤリとして、小林を指差した。

「それはそうと、行き詰まったときは視点を変えてみると良いってよく言うじゃないですか。今、それにぶち当たっていると思うんですよ。視点を変えてみてはどうでしょう」

小林が真顔で返した。

「小林、簡単に言ってくれるよな。いや、実は俺もそう思っていたところだ。でも、俺が言おうと思っていた肝心の台詞を、おまえが言うなよ」

笑いながら、藤堂が畳み掛ける。

「昨日、湯船に浸かりながら考えていた。軽量化の目的をもう少し根源的に捉えてみると、もちろん、燃費を良くすることになる。省燃費化のアプローチとして、部品の**回転マス**[*1]を減らす方法として軽量化という正当な解決策で取り組んでいる。試行錯誤しながら、我々が悩んでいるところだ。

もう一つ、省エネに貢献するのは、摩擦低減という方法も考えられる。つまり、カムとタペットとの間の摩擦を低減するというアプローチになる。軽量化に関しては、ある程度のレベルまでの改善を行い、残りは摩擦低減のアプローチをしてみるというのはどうだろう？」

「いいですね。社長！　私はその方針に一票です」

定岡が静かに言った。

「私も一票」

＊1……回転マス：回転する物体の質量。

「私も一票」

その場にいた全員一致で方針が定まった。

「そうすると、正しい摩擦係数の確認のためには、もう少し情報が必要ですね。トーカイの黒岩課長からカムシャフトをエンジンに組み込んだ際の諸条件に係わる情報を頂きましょう！」

鮫島が冷静に言った。

藤堂は全員の顔を見回しながら、言葉に力をこめた。

「よし、それで行こう。皆、もう少し頑張ってくれ」


軌道修正を行い、定岡らのチームは摩擦低減に目標を切り替え、連日夜遅くまで議論と実験を重ねた。

カムの表面加工精度を変化させて、想定油膜圧の条件下で**動摩擦係数**[*1]を計測した。いろいろ繰り返した結果、**ショットピーニング加工**[*2]をカム面に施すことで高い効果を生み出すことがわかってきた。摩擦係数も三分の二まで軽減される。繰り返しの実験により、ゴールに徐々に近づいていったが、時の経つのも早く、すでに三カ月が経過した。残すは一カ月しかない。

そんなある日、定岡が朝一番で藤堂に報告した。

「社長、ショットピーニング加工によって大幅に摩擦係数を低減させることができます」

「本当か？　それはやったね。で、どこまで摩擦は減った？」

「三分の二ほどです」

「なかなかだね。ショットピーニングか。でも、ウチでは量産化での加工はできない。すると、外注か？」

「そうなんです。でも、社長。外注すると割高になってしまい、目標の原価までたどり着けないのが目下の課題です」

「それは問題だ。トーカイは特にコストには厳しいからな」

藤堂は、しばし腕を組みながら天井を見上げ、

「摩擦低減、摩擦低減……」

しばらく呟いた。そして静かに顔を定岡の方に向けると、何か閃いたように話し出した。

「思い出したぞ。溶射事業部長の石井技師だ。一年前に彼のチームが、プラズマ溶射に関する特許を出願していた」

藤堂はぐっと拳を突き上げた。

＊1……動摩擦係数：物体が接触面にそって運動しているとき、その物体には動摩擦力が作用する。動摩擦力は物体に作用する垂直抗力に比例する。このときの比例定数。
＊2……ショットピーニング加工：無数の小さい鋼球を高速で金属表面に衝突させる冷間加工の一種。この加工によって表面の硬さが増し、耐摩耗性などが向上する。自動車部品やジェットエンジンなどで利用される。

「その加工で摺動部の耐摩耗性の向上のみならず、摩擦も著しく低減するらしいぞ。それを応用できるかもしれない」

そう言うや、すぐに藤堂は上着のポケットからスマホを取り出した。

「石井君か、藤堂だ。今から定岡君が行くから、例の特許に関する知恵を貸してやってくれ」

「期限まで残すは一カ月しかないんだ。定岡は至急、石井からアドバイスをもらって欲しい」

「わかりました。行ってきます」

言い終わる間もなく、定岡はドアに向かって走り出した。

4

溶射工場は五年前に建設されたケイテックの中で最も新しい建物だった。入り口脇に事務室兼研究室があり、そこに溶射事業部長の**石井義男**がいた。長身を白衣に包み、黒い四角いセル眼鏡が個性的な石井の風貌はまるで学者のようだった。

「ようこそ、溶射工場へ」

にこやかに石井が迎えた。

「お忙しいところ、すみません。特急でお知恵を貸してください」

定岡は勢い込んでカムシャフトの件を説明した。聴いているあいだはずっと下を向いていた石井は、ゴホンと咳払いをして話し始めた。

「要はカム面の表面改質を行うことで、摩擦係数を下げたいんですね。それにはプラズマ溶射による水素フリー・ＤＬＣ加工が有効だと思いますよ。実際に加工しないとわからないとは思いますが、恐らく、摩擦係数は一〇分の一から五分の一まで下げられるはずです」

「本当ですか？　とんでもない技術ですね。ところで、加工コストが高くなると困るのですが……」

「心配には及びません。この特許は性能もさることながら、水素フリー・ＤＬＣ加工を容易に量産加工させる特許です。実際、試作機もありますので、カムシャフトを持ってきてくれれば、すぐにでも加工しますよ」

「それは是非、お願いします」

「一応、プラズマ溶射水素フリー・**ＤＬＣコーティング**[*1]について、理解してもらった方がいい

＊１……ＤＬＣコーティング：炭素と水素で構成されるナノレベルの薄膜を金属表面にコーティングする技術。このコーティング層は、非常に薄いにもかかわらず硬質な性質を持つため、従来にない低摩耗・高潤滑性をもたらす。

と思うので説明します」

石井の説明はとても整理されていて、理解しやすかった。その要点は以下の通り。

プラズマ溶射ガン[*1]でプラズマ化した炭素イオンをカム面に吹きつけ、一〜一〇ミクロンの膜を作る。ＤＬＣとはダイアモンド・ライク・カーボンの略。ＤＬＣコーティングとは読んで字の如く、ダイヤモンドに近い非常に硬質の膜を作る。実際の硬度もダイヤモンド並み。加工後は七色のキレイな表面となる。

水素フリー・ＤＣＬ加工はコーティング膜の成分には水素が含まれていないため、エンジンオイルとのなじみが良く、膜表面のオイル中に低摩擦層が簡単に出来、それが摩擦低減につながる。欠点は母材と膜との接着性が弱い傾向があることだ。しかし、母材を徹底的に洗浄しさえすれば、密着性は高まる。

エンジンのシリンダーライナーにこの加工を施すと、二〇〇〇万キロ走行後でも摩耗はゼロに近い。商用車向けの耐久力は保証できる。量産前には調整が必要だが、特に鉄の元素Ｆｅとの相性がいいので実際上は問題ない。

自信に満ちた石井の説明に、「磨かれた金属に萌える」定岡も、息を呑んでただ頷くばかりだった。

「それは心強い。早速、対象のカムシャフトを持ち込みます」

「こちらも条件を変えながらコーティングしたいので、三〇本ぐらいお願いできますか？」

「すぐに持ってきます」

夕方、定岡宛に石井から電話があった。

「コーティングが完了しました」

「もうできたのですか？　速いですね」

「条件さえ整えれば、処理はすぐにできます。ビニール袋にカムシャフトを二本ずつ入れてあります。コーティングの条件を変えたパターンを一〇通り、作成しました。一〇本はテスト材として利用したので破棄をお願いします」

「助かります。これからも相談に乗ってください」

「勿論です。これで仕事を取ってもらって溶射事業部にも発注してください」

「もちろんです」

定岡は力強く答えた。

＊1……プラズマ溶射ガン：プラズマジェットを用いて溶射材料を加熱・加速し、溶融またはそれに近い状態にして基材に吹き付ける溶射装置。

コーティングを施したカムシャフトの性能は素晴らしく、石井の予測通り、どのカムシャフトも出来が良かった。とりわけ、膜厚四ミクロンタイプは摩擦が最も小さく、摩擦は従来品の一〇分の一になった。並行してコーティング面の耐久試験を行っていたが、もともと商用車基準をクリアしているので問題はない。

「耐久性の方は？」

「テストの最中ですが、途中経過はまったく問題ありません」

「テストの方は既定値まで継続してください」


早速、定岡はチームメンバーを集めて、完成したカムシャフトの評価会議を開いた。

「これでいけそうですね」

営業部の小林がうれしそうに言った。

「まだ喜ぶのは早いよ。うちが進化しているけど、シンダス社も努力しているはず」

「もう一度、われわれの製品の整理をしよう。軽量化はどこまで達成できた？」

定岡が尋ねた。

「約四％です」鮫島がメモを見ながら言った。

「そうか、シンダス社の五％には届かなかったか」

「でも、四％には到達しましたよ」

鮫島は反論した。職人肌の男がややむっとして答えた。

「いや、軽量化はシンダス社の後塵を拝していると認識した方がいいよ」

定岡は冷静だが、厳しい口調で指摘した。

「より高剛性材料を利用できれば軽量化は容易に達成できるが、コスト制約がありますからね」

「コスト制約はシンダス社も一緒だ。軽量化については先方の方が一枚上と認識すべきだな。それはそうと、コストはどうなった？」

「コストは軽量化の工程を圧縮したことと内製化による表面処理に切り替えたため、五％削減可能です」

「それは凄い。新しい技術を投入するので、本音では価格を上げたい気分だな。新技術投入で値下げを行うのは道理に合わないが、次の提案からは付加価値分を載せていくつもりでいこう」

会議を早々に切り上げ、定岡は社長室に向かった。

「トーカイへのラスト提案がまとまりましたので、報告いたします」

「軽量化については四％減。コストは五％削減。さらに、摩擦係数は従来品の一〇の一でカムシャフトが提案できます」

「そうか。この三カ月、本当にありがとう。よくここまで引っ張ってくれた。良い結果だと思うよ。ただし、気になる点が二つある。一つは軽量化に関していまだシンダス社以下ということ。二つ目は摩擦係数に関してどこまで評価してくれるかだ」

　藤堂は椅子に座ったまま、腕組みした。

「メンバーが本当に頑張ってくれました。社長のご指摘は、私も気にしているところです。杞憂に終わると良いのですが」

「まあ、ここまできたらじたばたできないよ。明日のトーカイへのプレゼンは、私がやるよ」

「承知いたしました。あと……」

「何だ」

　怪訝そうに藤堂は聞いた。

「コストの件ですが、例のコーティング加工を入れ込んでも大分ディスカウント状態なのですが、本当にその決定でよろしかったでしょうか？　選択肢もない状態と認識していますが……」

「構わんよ。今回はお試し価格で利用してもらい、いろいろと別の部品への展開を狙えば良いから、広告宣伝費込みの値段だよ。この性能は唯一無二だから、当面の間は、そう簡単に代替できないはずだ」

　そう力強く請け合った。

「わかりました。安心しました。では、明日のプレゼンの準備をしたいと思います」

「では、明日はよろしく」

COLUMN

バズワードではないリアルな世界の潮流

「インダストリー4・0」の定義は、ドイツ科学技術アカデミーが刊行した「戦略的イニシアティブ インダストリー4・0の実現に向けて」に記載されている。製造業を中心に書かれているが、現実社会とのつながりにも言及しており、日本でも話題の「ソサエティ5・0」的な内容にも触れている。

インダストリー4・0、つまり第4次産業革命は、日本では産業アナリストが毎年提案するマーケティング上のプロモーション・キーワードの一つとして受けとめられた。製品やソリューションの売り込み用の情報がバラバラに提供され、投資効果をどう考えるのかといった経営層がそれに取り組む意義についての説明はあまりなされることがなかった。

二〇〇八年のリーマンショック以降、新産業や技術開発の方法は自前主義モデルからグローバル・エコシステムを前提とした**オープンイノベーション**[*1]に大きく変化してきた。

グローバルな産業エコシステムをオープンイノベーションで創造・加速させることが、産業の創造や進化のスピードを向上させる方法として最適であることがコンセンサスとなったからだ。各国の産業政策はこうした動きを加速する方向に変化してきた。

具体的には、協調領域と競争領域との新しい区分が重要となる。

産業政策として協調すべきポイントは二つある。

（1）共通基盤技術の確立、技術の体系化、言語体系の整理、特許・知的財産情報の体系化、今後必要となる要素技術の時期を含む技術ロードマップの策定、いわゆるレファランス・アーキテクチュアを確立することである。

（2）モジュールが無駄なく相互に活用できるように予め産業のモジュール構造を設計すること。そしてモジュール間の標準インターフェイスを国際標準として規定しておくこと。こうした協調領域の活動を産業政策として加速することが重要。

こうした協調領域を準備した上で、民間部門が競争する領域は、

（1）コア技術を獲得する要素としてのモジュール技術の開発競争

（2）要素技術、つまりモジュール（部品やソフト）をコーディネートするシステムインテグレーターとしての競争

の二つに分かれる。

特定企業グループ内の経営資源を活用した自前主義型の製品開発は、かつてはフルセット型産業を有する日本のお家芸であったが、徐々に競争力を失ってきているようにもみえ

る。

パソコン産業の歴史を振り返ってみるとわかりやすい。かつてコンピューター産業は、IBM、富士通、NEC、アップルなど、すべてのメーカーが垂直統合型で、部品や必要な機能をグループ内で開発し、製品を提供してきた。

それが変化したのは、IBMがOSにマイクロソフト、チップにインテルを採用し、モジュール間インターフェイスを公開したからだ。従来の垂直統合構造が瓦解し、モジュールを組み合わせて誰でもパソコンが作れるようになった。この結果、価格が低下し、市場が急成長したのはご存じの通り。いわゆるオープンイノベーションの典型例だ。

現在のパソコン産業は、CPU・チップセット・HDD・メモリー・OS・アプリ・画像処理などモジュールごとの競争と、モジュールを組み合わせてコーディネートして製品を提供するシステムの競争との二つに競争領域が変わっている。

現在、第4次産業革命として進められている産業政策は、いわばパソコン産業の飛躍的発展モデルを人工的に起こそうというアイデアだ。各企業が垂直統合型で行ってきた開発

＊1……オープンイノベーション：組織内部のイノベーションを促進するため、企業の内部と外部との技術やアイデアの流動性を高め、組織内で創出されたイノベーションをさらに組織外に展開するイノベーションモデルのこと。

モデルをオープンイノベーション型に変える動きだ。グローバルなオープンイノベーションである。製品を開発するのではなく、産業を創造するという発想だ。産業のグローバル・エコシステムの創造が、産業政策の目標だ。

グローバルなオープンイノベーションによるエコシステム創造がなぜ重要なのか？　それは産業の進化のスピードを上げるためだ。

日本と欧米では製品やサービス提供のアプローチが根本的に違ってきている。日本は相変わらず自前主義で垂直統合型であるのに対し、欧米企業はオープンでグローバルなエコシステムによりダイナミックで高速の進化を志向している。

欧米型では、それぞれの会社が得意な領域で戦いに臨めるよう最初にアーキテクチャー（モジュール構造）を規定する。個々のユーザー企業やインテグレーターは、モジュールを適切に組み合わせることで、製品やサービスの差別化を図る。

アーキテクチャーとかモジュールという言葉で表現すると抵抗があるかもしれないが、パソコン産業的、あるいはレゴブロックのような構造だ。こうした仕組みの大前提は相互運用を可能とするモジュール間のインターフェイスの国際標準化だ。

間違ってならないのが、「標準化」とは技術そのものを押し付けるのではなく、要素技術が競争環境下で進化・発展できるように、特許性のないインターフェイスを標準化するという考え方である。

第2章 Chapter 2.

ドイツからの商談

1

トーカイ発注のカムシャフトをめぐり、シンダス社との競争でケイテックが全社一丸となって巻き返しをめざしていた最中のことだ。営業部に一本の電話が掛かってきて、ちょっとした騒動になった。営業部主任の小林が電話に出ると、いきなり、

「Hello, Is this Kei-Tech Corporation? I'd like to talk to sales manager.」

海外からの電話だった。どうも営業責任者と話をしたいと言っているらしいことまではわかったが、英語に自信のない小林は咄嗟に、

「Excuse me. Would you mind waiting for a moment?」

と言って、送話口を塞いで助けを求めた。

「申し訳ない。花田さん、電話を代わってもらえる？」

すぐに総務部三年目の花田芳江が電話を代わった。花田は高校時代に六カ月間、米国に交換留学したことがあり、以来、独学で英語の勉強している社内随一の英語力の持ち主だった。英語検定でも高得点を取っている。花田は五、六分ほどやりとりして電話を切った。

「聞き取りやすい英語です。きっとドイツ訛りね」

こう呟き、小林の方を向いて、

「小林主任、ドイツのミュンヘンに本社があるというボルツ社からの電話でした。社長と面会したいそうです。日程を調整してもらえますか？」

「わかった。誰からの電話だったの？」

「調達の責任者からでした」

「ボルツ社って、部品メーカーで世界ナンバー1のボルツ社？」

「そうです。うちと取引したいので社長とのアポを至急取ってほしいとのことです」

「わかった。すぐ社長の日程を取るよ」

小林はそう言うや否や、大急ぎで社長室に駆け込む。

「藤堂社長、大変です」

「小林主任、何を慌てている？」

「ボルツ社が社長に至急面会したいそうです」

「ボルツ社って？」

「ドイツの部品メーカーです。日本ではトヨタ系のデンソーやアイシン精機と比較されるほどの世界的な部品メーカーの、あのボルツ社です」

「フォルクスワーゲンなどが使っている部品メーカーのボルツ社ってこと？　そこがうちに何だって言うの？」

藤堂は首を捻った。

「取引を前提に社長とコンタクトしたいとの申し入れです」

「そうか、わかった。今月ならスケジュールが入っていない日が二、三あるから、それで返事してくれないか」

「承知しました」

小林が営業部に戻った後、藤堂は小さくガッツポーズをとった。

「いよいよ、我々の技術が認められる日が来たぞ！」

ボルツ社がケイテックを知ったのは比較的最近のことだった。きっかけはル・マン二四時間耐久レースだった。ケイテックは前年、ある国産自動車メーカーの依頼でル・マン向けエンジンのカムシャフトを製作していた。そのエンジンは優勝の原動力になったと高評価を得ていた。

部品サポーターとしてル・マン二四時間耐久レースに参加していたボルツ社は敗因をつぶさに分析し、画像・音響解析の結果、優勝した車両のエンジンの排気音から通常よりも高回転のエンジンであることを突き止めた。

このエンジンを開発している部品サポーターを調べると、ケイテックの名前が出てきた。高回転を可能にするカムシャフトは加工精度が高くないと実現できない。当然、そのことをボルツ社は熟知しており、ケイテックという無名の日本の中小企業が相当高いレベルの加工技術を持っていることに彼らは驚愕した。

このルートとは別に、ボルツ社は次世代エンジンの開発に取り組んでいた。摩擦低減を目標に掲げ、自社開発を含め、必要な技術を世界中からかき集めているところだった。その成果として、有望なプラズマ溶射による水素フリー・DLC加工を探し当てた。この安価に摩擦低減を可能にするコーティング技術は、日本のケイテックが独自に開発して特許申請中であることを掴んだ。

この二つの新しいテクノロジーがいずれもケイテックが開発したものと知って、ボルツ社は技術部長の**カール・ハルトマン**の日本訪問を即断し、シンガポールに駐在するアジア調達部長の**キャシー・リー**に連絡して、緊急テレビ会議が行われた。

その際、次世代エンジンの摩擦を大幅に低減するにはケイテックのカムシャフト製品が最適との結論となり、取引を打診するためにケイテック本社に乗り込むことになったのだ。

2

新しい提案を携えて、藤堂らはトーカイに出向いた。受付から調達部第四課の黒岩にコンタクトを取った。照明がやけに明るい廊下を通り、藤堂たちは会議室へ通された。ほどなくして黒岩が会議室に現れた。

「藤堂さん、ようこそ」

「期限には余裕のないタイミングとなりましたが、何とか開発が進みましたので、試作品をお持ちしました」

「ありがとうございます。では、早速始めましょうか？」

「承知いたしました。では製品の特徴から説明します。製法は、組立法によるカムシャフトになります。これが試作品です。重量削減と剛性確保という相反する事項を解決するため、摩擦圧接でカムロブとシャフトをしっかりと固定しています」

「面白い製法ですね」

「回転するシャフトにカムロブを所定位置にセットし、そのときの摩擦熱で高温状態をつくり、そこに圧力を掛け、しばらく保持すると、原子間引力により強固に接合します。都合の良いことに、引っ張り強度は元の状態よりも逆に増強されます。その結果、削り出しによる製法と比べて、大幅にコストダウンが可能になります」

「重量的には優位に働くのですか？」

「引っ張り強度が全体的にアップする分、軽量化の方に振り分けることができるため、削り出しによる製法よりも軽く仕上げることが可能です」

「どの程度、軽く仕上がりました？」

「およそ二〇%です。それに我々は燃費の向上に関して、軽量化だけでなく摩擦係数を低減させるというアプローチも行いました。カムのタペットが当たる面に特殊なコーティングをすることで、動摩擦抵抗を一割まで下げることができました。この七色に光っている部分がそのコーティングです」

「それは凄い。新しい武器が増えましたね」

黒岩は目を丸くした。

「実際にエンジンに組み込んだ場合の正確な燃費貢献は不明ですが、回転部品が軽く回ることに越したことはないと考えてアプローチしました」

「燃費には確実に貢献しますよ。これだけ凄いモノを見せられると、コスト面の話を聞くのが怖くなります。そちらはどうですか？」

「五％ダウンで提案したいと考えています」

「ほーっ。それも凄い！　ところで、このコストで本当に大丈夫ですか？」

「今回は摩擦圧接による組立法によりコスト圧縮ができました。コーティングはそれなりに値が張りますが、うまく相殺できました。実際、新しいコーティングは、皆さまに知ってもらいたく、広告宣伝費を織り込んでいます。だから、若干、ディスカウントしています」

「サンプルも含めお預かりします。短期間に素晴らしい提案をしてもらい、感謝します。すぐに最終会議に掛け、結果は追って連絡します」

「よろしくお願いします」

藤堂は深々と頭を下げた。

会社に戻り、藤堂は一丸となって取り組んでくれた定岡や鮫島らのチームを労《ねぎら》い、就業時間前であったが、帰宅するよう促した。藤堂自身、数週間ぶりに自宅で夕飯をとることができる時間に帰宅した。


藤堂の自宅はケイテック本社から車で一〇分ほどの高台にあった。父親が亡くなった六年前に実家を取り壊し、新しく家を建てた。

「ただいま」

「あら、お帰りなさい。今日は早いのね。久しぶりに、家のご飯を食べられますね。しばらく、まともな食事をとっていなかったでしょ。もうすぐできるから、お風呂に先に入っていて」

妻の幸恵が靴を脱いでいる藤堂に話しかけた。

幸恵は藤堂より同じ大学の二学年下で、友人の紹介で知り合い、付き合い始めた。卒業後は総合職として証券会社に勤めていたが、藤堂との結婚が決まり、あっさり専業主婦に収まった。結婚一五年目。子どもは一男一女。しっかり藤堂を支えてくれる最良のパートナーだ。

藤堂は結婚して初めてわかったことがある。藤堂は重大な出来事に直面するたびに、幸恵に助言を求めた。彼女には冷静に判断できる豪胆さがあり、その助言はいつも本質をついていた。

藤堂が家業を引き継ぐかどうかで悩んでいるときも、背中を押したのは幸恵だった。華奢な身体には似合わない性格なのだ。風呂から上がった藤堂は夕食を食べながら、

「ひょっとすると、海外企業と付き合うことになるかもしれない」と幸恵に話しかけた。

「海外にも工場をつくるという話？」

「いや、海外工場は身の丈を超えるから、まだ無理。そりゃあ、いつかは海外工場を持ちたいと思っているけどね」

「その夢、実現するといいわね。強く念じ続けていると、願いは叶うわよ」

「そうありたいね。実は、うちとの取引に関心を持ってくれている海外企業があるんだ。実現したら、すごくうれしいんだが」

「強く念じることね」

「そうだな」

笑いながら、藤堂は応じた。

3

一週間後、ケイテック訪問のため、ドイツ・ミュンヘンからボルツ社技術部長のカール・ハルトマンとシンガポールからアジア調達部長のキャシー・リーが磯子駅に到着。小林主任が案内役として磯子駅で出迎えた。「長旅、お疲れ様です。お迎えに上がりました。車を用意しましたので、こちらにどうぞ」

緊張した面持ちの小林が、花田の通訳を介して対応する。

「ありがとうございます。日本はいい季節ですね」

身長が二メートル近くある大柄な青い背広姿のハルトマンが、片手に黒いアタッシュケースを持って言った。

「はい、そうですね。あと少ししたら桜が満開になります」

「急な訪問で恐縮です」

黒髪に茶色の瞳、鮮やかなピンクのパンツスーツ姿のリーが達者な日本語で挨拶した。日本語が達者だとは知らなかった小林と花田は少し驚いた。

全員、車に乗り込んだ後、小林がハンドルを握りながら、説明した。

「今回の日本訪問は本当に楽しみでした。仕事が済んだら日光に行くつもりで、ホテルを予約していますす」

ハルトマンがうれしそうに話した。

軽いやりとりの後、ケイテック正門を入って、事務棟の正面玄関に車を止めた。玄関の前には、藤堂を先頭に営業部長ら関係者が一〇人ほど集まっていた。

車から降りたボルツ社の二人に対して、

「ようこそケイテック社へ、社長の藤堂です」

やや緊張した表情だったが、藤堂が片言の英語で握手を求めた。

「いい季節にケイテック社を訪問できて光栄です。カール・ハルトマンです」

ハルトマンが笑みを浮かべながら力強く握手した。

「キャシー・リーです。日本企業との仕事はうれしいです」

リーがややアクセントに難はあるが、それ以外は完璧な日本語であいさつした。

「リーさんは、日本語がお上手ですね」

藤堂が思わず尋ねると、

「はい。母は日本、父はフランス、ロシア、スウェーデンの血が入っているアメリカ人なもので、私は小学校まで日本で育ちました」

リーが笑顔で答えた。

「では、会議室にご案内します」

石塚が一同を会議室に案内し、名刺交換が始まった。その後、花田の通訳を介しながらケイテックの沿革についてパワーポイントをプロジェクターに映して、ひと通りの説明をした。

「早速ですが、なぜ当社に関心を持たれたのでしょうか？」

藤堂は尋ねた。

ハルトマンはル・マン・レースでのカムシャフト提供の事実とプラズマ溶射・水素フリーDLC加工の特許のことを知り、ケイテックに興味を持ち、コンタクトを取ったと説明した。

「わが社がル・マン・レースでカムシャフトを提供したことがよくわかりましたね」

藤堂は驚いた。

「あのエンジンは異様なぐらいな高回転が可能で、レース後、関係者の間で話題になったのです。どこの企業が開発したテクノロジーなのかを辿ってみると、御社に行き着いたんですよ。ようやく交渉できます」

ハルトマンは片目をつぶってウインクをした。

「われわれの興味は、この高回転のカムシャフト自体よりも、高回転を可能にした高度な技術力です。それも、水素フリー・DLC加工という新しいテクノロジーに着目したのです」

ハルトマンの口調は熱を帯び、表情も真剣だった。

「ここからはわが社から説明しましょう。機密事項にかかわることが含まれますので、最初に秘密保持契約（NDA、Non-Disclosure Agreement）を結んでもらえせんか？」

「もちろんです」

藤堂は応じた。

すぐにケイテックはボルツ社とNDAを締結した。

ボルツ社は、計画の詳細をケイテック側に説明した。ボルツ社はドイツの自動車メーカーと共同で省エネ向け新型**アトキンソンサイクル**[*1]のエンジン開発に着手していた。省エネの要として軽量化とエンジン内部の摩擦抵抗の軽減に重点を置いていた。そうした背景があり、ケイテックが持つプラズマ溶射・水素フリーDLC加工特許に強い関心を持っていたのだ。

欧州の自動車各社は、フォルクスワーゲンの**ディーゼルエンジン・排ガス不正事件**[*2]をきっかけに電気自動車（EV）に大きく舵を切っていたが、EV化に向かって進もうにも大きな壁があった。EV向け急速充電装置のインフラ整備やEV用エネルギーの元となる発電所の増設は未だ手つかずで、EVのためのファシリティ環境はこれからだった。

日本メーカー数社から予混合圧縮自動着火型ガソリンエンジンや可変圧縮比エンジンなどの新しいタイプのエンジン技術が提案されたことで、欧州各社は焦っていた。急速なEV移行シナリオを想定できず、穏やかにＥＶにバトンタッチするためのつなぎのシナリオが必要という認識が広がり、新型のアトキンソンサイクル・エンジンの開発の重要性が高まっていた。

藤堂はボルツ社側に工場の主要設備を見せた。特にプラズマ溶射・水素フリーＤＬＣ加工の設備ではボルツ社側は身を乗り出して石井の説明に聴き入った。

「カムシャフトの摩擦はコーティングすると、どの程度まで低減可能ですか？」

ハルトマンが質問した。

「四分の一までの低減は堅いと思います。もっとも、母材等との相性が良ければ、一〇分の一も狙えます」

石井は静かに、少し胸を張って答えた。

「それは凄い！」

ハルトマンは興奮気味に唸った。

一同は設備見学を終え、会議室に戻った。藤堂はコーヒーを出すよう指示した。ひと息つい

＊1……アトキンソンサイクル：従来のオットーサイクルが圧縮比と膨張比が同じ比率で動作するのに対し、圧縮比よりも膨張比を大きくして熱効率を改善する内燃機関。トヨタのプリウスやホンダのフィットで採用されている。

＊2……ディーゼルエンジン・排ガス不正事件：二〇一五年秋、フォルクスワーゲンが一部のディーゼルエンジン車に違法ソフトウェアを搭載し、米国で排ガス規制を不正に逃れていた事件。

たところで、これまで暖めていたエンジンに関するアイデアを披露した。

「プラズマ溶射・水素フリーＤＬＣ加工により、エンジン周りの摩擦を相当減らすことが可能です。これをシリンダー、バルブリフター、カムシャフト、クランクシャフト、コンロッドに加工することで、劇的な効果を発揮すると思います。

特に、通常、エンジンブロックはシリンダー内部に挿入される鋳鉄製のライナーを廃止し、代わりにプラズマ溶射によりコーティングを行うことで摩擦低減と軽量化が実現できます」

こう畳み掛けた。

「とても良いアイデアですね。ライナーレスは我々もまだ検討していなかったので、すぐ検討俎上に載せたいと思います。ライナーレスにするということは、日産ＧＴＲのエンジンと同タイプとなるということですか？」

ハルトマンは尋ねた。

「コーティングの種類が別なので全く一緒というわけではありませんが、原理としては一緒です」

藤堂は返した。

「素晴らしい技術力です。これが実現できれば、先ほどお話しした新型エンジンのプロジェクトも大分進捗すると思います。良いモノを見せていただきました。御社とはすぐさまお付き合いしたい。ただ、会社のルールが厳格なため、アカウントを開く前に〝調達前資格審査〟を受けてもらえませんか？　詳しくはアジア調達部長のリーから説明いたします」

続いて、いかにもバリバリ仕事ができそうなリーが説明した。

「調達前資格審査ですが、御社を技術力・供給力・財務力の観点からチェックします。特に、安定供給は大前提ですので、供給力に関しては念入りにチェックします。詳しくは、お配りした資料を確認してください。一カ月後に審査を実施したいと考えています」

「わかりました。われわれも合格できるよう準備を進めます」

藤堂が緊張気味に応じた。

一カ月後、ボルツ社の調達前資格審査が実施された。ハルトマンは来日せず、シンガポールからリーが部下二人を引き連れてケイテックに乗り込んできた。リーがいるお陰で、ミーティングは日本語で順調に進んだ。

審査は、技術力、供給力、財務力の順に事務的に進められた。技術力に関しては、技術・設備を担当する定岡、石井が、供給力は田中と佐々木の製造管理部のコンビが、財務力は藤堂と石塚に加え、経理部長の山岡が加わって対応した。

ケイテック側は技術書や財務諸表などの必要書類を英訳するなどの資料の事前準備を済ませていた。

審査は淡々と進んだ。ボルツ社側は資料を読み込み、各担当に時折質問しながら、予定通り進んでいった。幸い、ボルツ社側の質問にはケイテック側が的確に回答できており、審査はこのまま無事終了すると思えた。

ところが、ケイテック側にとっては思いがけない難題が持ち上がった。

「最後に、この一〇種類の部品の見積もり価格を三日以内に提出してください。また、それぞれ一年後に毎月二万個を納入できるかどうか、その可能性と条件もご回答ください。こちらも三日以内にお願いします」

リーが「三日以内」を強調した。ケイテック側は、藤堂以下全員が驚いて顔を見合わせた。

「確認させてください。回答は三日以内、ですか？」

しばしの静寂の後、藤堂が口を開いた。

「もう少し時間をもらえないでしょうか？」

藤堂が内心の動揺を隠し、平静を装って要求してみた。

リーはその場の空気が急に重苦しくなったことに戸惑い、ケイテック側が何を問題にしているのか、まるでわかっていなかった。

「ボルツ社は、世界中のどの取引先にも同一の条件で見積もり価格と生産計画を依頼しています。回答期限は三日以内と決まっています」

困惑した表情のリーは、「ルールは変えられません」と繰り返した。

ボルツ社側の姿勢が変わらないことから、藤堂は覚悟を決めた。

「わかりました。三日後の四月一〇日までにすべて提出します」

その声にはいつも以上に力がこもっていた。その答えを確認して、リーがこう宣言した。

「審査は以上で終了しました。見積もり書と納品保証の回答と合わせて総合的に判断いたします。ご協力いただき、感謝します」

ボルツ社の三人は慌ただしくケイテックを後にした。


「社長、これは困ったことになりましたね。三日間で見積もりや設備計画の裏づけのある生産計画を出し切るのは不可能ですよ」

専務の石塚が真っ先に口を開いた。

「でも、『三日以内』と約束したのだから、提出するしかないだろう」藤堂が言う。

製造管理部長の田中太郎が太い声で噛みしめるように話し出した。

「わが社では、どの製品がどの工程・どの設備を通ったかという個別データを管理していません。だから、いま把握しているデータ以上の精度の高い原価を出せと言われても、出せません」

会議室の空気は一層沈んだ。田中は続ける。

「特に人件費分に関しては製品により治具を変更しているため、人件費分のバラツキが大きいのが実状です。今は暫定的に按分係数で代替させて無理矢理、仮の人件費を計算している状態ですから」

田中は藤堂以下、幹部の顔を一人ひとり確認するかのように続けた。

「むしろ、問題は納品保証です。一年後にボルツ社分を生産するという仮定を置いた場合、トーカイの仕事がメインで走っているため、その業務をないがしろにはできません。

特にトーカイからは不定期で特急便の依頼が絶対来ます。この部分の保険が必要です。生産バッファーを持っておかないと、実現不可能です。新規設備投資を行わないと、納品保証は正直むずかしい」

ボルツ社というドイツの世界的な企業からの商談が目の前にぶら下がっているのに、それが一気に遠のいていく……。

じっと聞いていた藤堂は、きっぱりと言った。

「時間を無駄にできない。二チームに分けよう。見積もりは鮫島と私が担当する。納品保証は田中部長に定岡と小林が中心となって対応してくれ。細かいところは君たちに任せるが、鍵を握るのは不確定要素の特急便対応だ。過去のデータを洗い出して、どの程度、バッファーを持っておけば良いか、確認してくれ。申し訳ないが、もう少し付き合ってくれ」

4

それから三日間、昼夜を問わず、見積もりと納品保証のための設備投資計画の立案に取り組んだ。

作業は予想以上に難航した。

見積もりチームは、どの製品をどの設備でどれだけの時間で加工・製造したかという肝心のデータがなかった。したがって、推計でしか数字を作り込むことができず、根拠がない中での想定数値の作成に追われた。

最新の設備と古い設備では製造能力に四倍近い差がある。当然、その差は製造コストに反映される。

従来は勘と経験で新しい設備と古い設備を合わせた総合能力で見積もり計算をしていたが、今回は製造時に利用する設備に偏りがあるため、これまでの経験だけでは歯が立たない。そこで、これまでの製造データと各設備のおおよその稼働率との連立方程式から、力技で過去の数値を導き出そうとした。

目処がついたのは、作業開始から四日目だった。当たり前の話ではあるが、見積もり作業は見積もり時の金額から製造原価を引いた金額が利益になるため、極めて重要な業務だ。しかし、中小企業では製造に関するデータが整備されておらず、過去の経験と勘だけで決定しているところも多い。中小どころか大企業でさえ、データがしっかり整備されていないところも多い。

そもそも顧客の要求通りにやっていれば、適正利益どころか原価割れする可能性もある。リスクを恐れて見積もりを高くすると、受注できない可能性もあり、企業規模を問わず、価格決定自体が経営判断を要求される極めて重要な判断事項となっている。

納入保証のチームでも同様に難航していた。田中の指摘通り、トーカイからの特急品対応が読めないことで話が複雑になっていた。特急品への対応を断る体制にすることも検討したが、相手先への信用、特急品ならではの利益率の高さから、断るのは現実的ではないと判断された。

こちらも過去のデータを活用するしか術はなく、過去に発生した特急便とその分量、利用する設備を洗い出し、発生予測モデルを作って、稼働率をその分低めに設定して、新規設備投資を含む生産計画に組み入れ、なんとか納品保証できるための条件を洗い出すことができた。それでも「三日以内に回答」を守ることはできなかった。

結局、どうしても期間内には完了させることはできず、藤堂の方からボルツ社に謝罪の電話を入れ、「もう少し時間が欲しい」と回答期限の延長を求めた。

ボルツ社側は「何でそんな簡単なことができないの？」と驚いたようだったが、最終的に「当初より二日延長、五日後の提出」というケイテック側の要求を受け入れた。

藤堂以下、ケイテック関係者はやり遂げた達成感よりも、「三日以内」に間に合わせられなかったことに居心地の悪さを感じていた。


それから一週間後、トーカイの黒岩から藤堂宛に電話が入った。

「お世話になっています、黒岩様。連絡ありがとうございます」

「先日の件の結果が出ましたので、連絡いたします。結論から申し上げますと、シンダス社の案を採用することに決定しました。ホシダ技研と弊社で協議した結果です。ご存じの通り、ホシダ技研では、今回のニューモデル開発に関して重量の軽減を最優先していました。具体的には、前モデルから乾燥重量を一〇〇グラム強軽量化することが目標になっています。特にエンジンは車の中で最も重い部品の一つなので、最重点に軽量化が検討されました。

シンダス社の提案は御社を上回る七％の軽量を達成しています。この軽さがホシダ技研の役員の琴線に触れ、採用となりました。トーカイとしては摩擦係数を極限まで下げ、ある程度の軽量化を実現した御社の製品を推していたのですが……。

ホシダ技研サイドには、摩擦係数が小さい御社案を推す意見もあったのですが、営業サイドからの強い要望で軽量化が最優先課題になっていて、それが大きく影響したようです。われわれもホシダ技研から仕事をもらっている立場でもあり、それ以上は主張できない状況でした。残念ですが、ご了承ください」

　黒岩は淡々と説明した。

「細かな状況まで説明していただき、痛み入ります。ところで、価格ではどんな議論があったのですか？」

　藤堂は尋ねた。

「価格はあまり議題になっていませんでした。御社もシンダス社もほぼ同じ価格だったためです」

「了解しました。これからも精進して製品を作って参ります。引き続き、よろしくお願いします」

　藤堂は電話でのやりとりにもかかわらず、深々と頭を下げた。

5

　翌日午前一〇時過ぎ、ボルツ社のキャシー・リーから電話が入った。花田が出たが、一瞬でその表情が曇った。

「今回の審査では不合格でした」

リーの言葉はやさしかったが、結果は厳しいものだった。

ボルツ社が実施した調達前資格審査で、ケイテックのオペレーションズ・マネジメント能力がボルツ社の基準を満たすことができなかったのだ。花田は電話の内容をすぐに社長室の藤堂に伝えた。

ガラス越しに話し込む二人の表情や素《そ》振りが見え、ケイテック社内に静かに動揺が広がった。トーカイの仕事を失ったことに続くボルツ社の非情な通告——このダブルパンチに藤堂は茫然として天を仰いだ。

一時間後、ミュンヘンのハルトマンから藤堂宛に電話があった。花田が英語で対応した。

「ケイテックの製品開発力をボルツ社は高く評価しています。今回の審査が不合格となったのは残念ですが、半年後に再審査を受けてほしい」

続けてハルトマンは「生産プロセスと生産プロセス管理の仕組みを整えてほしい」と要望してきた。具体的な要望は四つだ。

（1）IT・組織構成・役割・権限・社内ルールの整備

（2）**統合基幹業務システム**[*1]（ERP）、**製造実行システム**[*2]（MES）、**製品ライフサイクル・マネジメント**[*3]（PLM）の導入

（3）生産計画の詳細プランをシミュレーションでき、ルーティング（工順）を含む製造プロジ

エクト・スケジューリングをきめ細かに作成できるソフトウェアの導入
（4）現場の製造実態を把握するための製造IoTの実装
「こうしたソフトの活用はドイツでは常識になっています。これを機会に生産の仕組みを製品設計段階から整備してはどうですか？　おそらくインダストリー4・0の考え方が参考になりますよ」

　ハルトマンはこう締めくくった。


　藤堂はハルトマンが再度チャンスをくれたことには感謝したものの、立て続けの失注で気持ちが落ち込み、早々に切り上げて帰宅することにした。その帰り道、藤堂は大学のラグビー部の名フルバックとして俊足で鳴らした**河島健一**の存在を思い出した。

「そうだ、河島と久しぶりに酒でも飲むか」

　スマホを手にして、河島のスマホにメールを送った。

　河島は大学卒業後、有名電気メーカーの名門ラグビー部でプレーしていたが、あっさり三年で引退。営業マンとして全国を飛び回った後、独立してKWエンジニアリングという産業用ロボット・システムインテグレーター（ロボットSIer）の会社を興した。

　藤堂も驚く転身で、経営の才能をどこで身に着けたのかと首を捻ったが、河島は「人生はトライチャンスをどう点に結びつけるかで決まる」と笑うばかりだった。

ロボットSIerとは、ファナックや安川電機、川崎重工などの大手の産業用ロボットベンダーが供給する各種ロボットを活用して、工場の生産ラインの自動化を提案する会社だ。ロボットベンダー自体が顧客の製造ラインの構築まで提案するケースもあるが、多くのロボットベンダーはロボット自体を供給することに徹していることが多い。

そのため、河島の会社のようなロボットSIerが製品の設計図を起点として顧客の製造ライン設備の企画・設計から量産試作までを顧客のエージェントとしてサービス提供を担うことが多くなっている。かつての大手メーカーは製造ラインは自社人材で受け持ち、設計から運営支援まで行っていた。しかし、二〇〇八年のリーマンショック以降、大手メーカーが工場現場の生

＊1……統合基幹業務システム（ＥＲＰ：Enterprise Resource Planning）：総務、会計、人事、生産、在庫、購買、物流、販売などの基幹情報や経営資源を統合的かつリアルタイムに処理する基幹業務システムを構築し、効率的な経営を図るビジネスツール。ＳＡＰなどのパッケージソフトが有名。近年はクラウド型ＥＲＰの導入事例が増えている。

＊2……製造実行システム（ＭＥＳ：Manufacturing Execution System）：製造工程の状態の把握や管理、作業者への指示や支援などを行う情報システム。

＊3……製品ライフサイクル・マネジメント（ＰＬＭ、Product Lifecycle Management）：企業の利益最大化を目的に、製品の企画、設計から生産、販売、廃棄に至るまでのライフサイクル全体における製品情報を一元管理すること。製品データだけでなく、ＩｏＴによって得られた情報もＰＬＭで管理しようという動きになっている。

産ラインに従事するエンジニア、いわゆる生産技術エンジニアをごっそり削減した結果、生産ラインを構築する能力が大幅に低下した。

その穴を埋めるために、生産ラインのシステムインテグレーター、生産設備ビルダー、ロボットSIerなどの手を借りることが多くなってきている。かつて製造大国を自負した日本も、足元の製造現場は様変わりしている。

第3章 *Chapter 3.*

新日独同盟論

1

藤堂は、河島健一との待ち合わせ場所を横浜駅近くの鶴屋町の焼鳥屋に指定した。この焼鳥屋は藤堂の学生時代から営業しており、店内の椅子やテーブルは当時から同じ物を使い続けているが、よく手入れされていて、老舗の焼鳥屋の風格を醸し出している。

藤堂は約束の時間よりも少し早く着いた。落ち着いて話をしたかったので、店の一番奥にある離れのテーブルを予約していた。

この店は注文を受けてから串打ちを始めるため、いつも美味な焼き鳥を味わうことができる。

その分、料理ができるまで時間が掛かるから、河島が好きそうな焼き鳥を見繕って先に注文しておいた。

河島は約束の時間よりも一五分遅れて店にやってきた。

「おーっ、敬介、遅れて申し訳ない。時間内に終わると思っていた仕事に手間取っちまって、すっかり遅刻してしまった」

「よぉ、健一、俺も来たばかりだから大丈夫だ」

生ビールの大ジョッキを二つ注文した。

「再会に乾杯！」

「ラグビー日本代表の健闘に乾杯！」

「それにしてもワールドカップ・ラグビーの日本代表の活躍は凄かったな」

「そうそう、その話をたっぷりしようぜ」

歴史的な日本開催、しかも新元号となったばかりの二〇一九年のラグビーワールドカップの話題が続いた。二人とも、自分が桜のジャージーを着て闘っているつもりで予選リーグの試合会場に足を運んでファンとして観戦していたから、話題は尽きなかった。

一時間ほど過ぎた頃、藤堂は話題を転じた。

「健一の仕事は順調なのか？」

「ああ、忙しい。というのも、日本の製造業の力が衰える一方だからね」

「そんなに力が落ちているのか？」

「技術力と言うより、これまでのノウハウの伝承が途切れてしまった感じがする。ほら、リーマンショックのときに大手メーカーではどこも大掛かりなリストラを実施しただろう」

「うちの会社も一時は取引がなくなるかと冷や冷やした。もう味わいたくないね。あのときの厳しさは」

「リストラのやり玉に挙がったのが工場ライン構築の生産技術関係のエンジニアだった。人数が何分の一というレベルに減らされた。その結果、若手に伝承すべき事項が全く伝わっていない。その結果、自分たちで製造ラインの設計ができないばかりか、仕様書の記述すら心許ない」

「そうだったのか。ありそうな話だ」

「ところで、突然、呼び出して何だ。敬介が俺を呼び出すときは決まって、意気消沈系のイベントが発生したときだ。奥さんと喧嘩でもしたのか？」

河島はいつも鋭い勘をしている。ラグビーのフルバックは守りの最後の砦。そこを突破されると、トライを奪われることは必至。そうした経験からか、危険を察知する能力には非凡なものがあると藤堂は感心した。

「残念ながら、うちは夫婦円満だよ。実は立て続けに大きな仕事を二つ逃した。一つ目のは技術競争の中の勝負だから納得しているが、もう一つは海外からの案件だった。ドイツ企業からの引き合いで、これはやってみたかった」

「ドイツ企業か。とうとうケイテックもグローバル化ということか？」

「そんな大げさなものじゃない。現在のうちの製造管理能力が先方の調達基準を満たしていないと言われた。河島はドイツの企業と付き合いがあると言っていただろ。ドイツ企業について知っていることを教えてほしい」

「俺で役に立つなら、一肌脱ぐよ。ここ二、三年ぐらい、ドイツの会社とディープな付き合いをしている。ドイツ人は頑固でルールには厳格だよ。特に、自分たちの決めたルールに関しては高圧的に押しつけてくる。ただ、ひとたび懐に入ると、会社のブランドや規模を気にせず、技術オリエンテッドな観点で公平に評価してくれる企業が多い」

「確かに先方はうちの技術力については高く評価してくれた。でも、製造管理のスタイルが旧態依然としていると調達前の事前審査で不合格になった。再度、審査を受けるつもりだ」

「そうか。執行猶予付きってわけだ」

「その通り。折角のチャンスだから、いろいろ検討してみたい。ボルツ社が気になることを言っていた」

藤堂はボルツ社のハルトマンが口にした気になるアドバイスを説明した。インダストリー４・０を調べて生産プロセスと生産プロセス管理の仕組み、具体的にはＩＴや組織構成、役割や権限、社内ルールを整えて、統合基幹業務システム（ＥＲＰ）、製造実行システム（ＭＥＳ）、製品ライフサイクル・マネジメント（ＰＬＭ）、プロジェクト・スケジューリング、製造ＩｏＴなどを活用すべき、と勧めてきたことだ。

「ドイツのインダストリー４・０、第４次産業革命を調べたことがあるかい？」

「三月に講演会で聴いた程度だが、一応は知っている。大手ＩＴベンダーのコンサルタントや銀行系シンクタンクの研究員がスピーカーだった」

藤堂は話を進めた。

「確か工場内の設備をネットワーク化してセンサーを使った計測を実施して、ものづくりのデジタル化を推進することだろう？」

「それは確かに間違いではないが……。それで腑に落ちたかい？」

「そうなんだよ。そんなことで製造原価が下がるのかと正直思っていた。今回のボルツ社の件も、何を細かいことを気にしているのか、ちょっとあきれている。実際、作らせてくれれば、うちの良さがわかるはずだから、まず作らせてみてくれというのが本音だ」

藤堂はようやく本題の質問をした。

「ボルツ社の調達管理基準と第４次産業革命の関連がさっぱりわからない。どう考えればいい？」

「そういうところだとは思っていた。少しは役に立てそうだ」

河島は少し笑ってから、真剣な眼差しに変わった。

「第４次産業革命の本質とは……」

ここで一拍おいて、

「**サイバー・フィジカル・システム**[*1]（**CPS**）により製造業のサービス化を加速するための産業政策としての国際標準化活動だよ」

河島は説明を続けた。

「スマートな工場という言葉は聞いたことはあるよね。もともと日本の工場は、現場が優秀だったから、経営者は工場の運営、いわゆる**QCD管理**[*2]については、工場や現場に任せていればいいと思っていた。おそらく、敬介のところもそうなんじゃないか？」

「そもそも俺はSEだし、会社を継いだときから工場の製造管理は現場に任せている。良いも悪いも、それしかやりようはないし、それで問題はなかった。営業や事業開発で忙しいからね。それは悪いことか？　うちの現場は優秀だから、これ以上スマートにする必要はない。これ以上スマートにできるはずはないと、本音では思っている」

「なるほど。社長が本音で話せる会社はいい会社だ。これからもその本音で話をしてくれ」

2

藤堂は笑って話す。

「何を言っている。俺と健一の仲だ。いつも本音だよ。約束する」

「よし。いくつか尋ねたいことがある。敬介の会社は海外への工場進出を検討したことはあるか?」

「何か関係あるのかね。まあ、いいや。実は二年前に本格的に検討したことがある。納品先の企業がアジアに工場を新設するので一緒に工場を進出してくれないかという依頼があった。だが、そのときの結論は少なくとも今は無理だ、ということだった。お恥ずかしい話だが、うち

＊1……サイバー・フィジカル・システム(CPS、Cyber-Physical System):現実世界(フィジカル空間)でのセンサーネットワークが生みだす膨大な観測データなどの情報を、サイバー空間の強力なコンピューティング能力と結びつけて数値化・定量分析することで、経験と勘に頼っていた事象を効率化し、社会システムの効率化、新産業の創出、知的生産性の向上などをめざすサービス・システム。

＊2……QCD:品質(Quality)、コスト(Cost)、納期(Delivery)のこと。

くらいの規模の会社だと、海外展開をしようにも現地の人材確保や育成の負担が大きく、とても無理だ。

下手に製造ノウハウを現地で教えたら、転職されて競合にノウハウを盗まれ、ライバルを自ら育成することにもなり兼ねない」

「典型的な反応だな。ところで、欧米の製造業は中小企業でも比較的容易にアジア展開できていることは知っているか？」

「いや、知らない。調べてもいない。本当かい。まあ欧米の企業は英語が話せるし、土台、日本とは違うからな」

「そこだ。彼らだって人材育成は大変だし、ノウハウの流出は問題だろ？」

「そうだな」

「なぜか不思議じゃあないか？」

河島は藤堂のほうに身を乗り出しながら、話し出した。

「細かいことを端折って話をすると、インダストリー４・０は事業の成長機会を失わないためにグローバルな事業展開を簡単にできる仕組みを構築することだ。条件はコアの製造ノウハウを極力流出させないこと。そのために、ドイツ科学技術アカデミーが総力をあげて考案した戦略だ」

河島がそこまで話したところで、藤堂がビールジョッキを高く上げて遮《さえぎ》った。

「健一、ちょっと待ってくれないか。話が飛びすぎていて、わからなくなってきたぞ。ボルツ社がうちに要請してきたのは、調達管理基準を満たすことだ。海外展開の話ではない。海外展開と調達管理基準はどう関係するんだ？」

河島の答えは明快だった。

「関係大ありさ。ボルツ社はドイツの会社だが、グローバルカンパニーと考えた方がいい。調達先を選定するときは、グローバルに生産技術が移転できるか、生産技術の形式知化、モデル化、システム化ができているか、ボルツ社の支援の下でも海外展開が可能なマネジメント力があるかが、ボルツ社の調達管理基準の第一の要素だ。これはインダストリー4・0の条件でもある」

「ほう。なるほど。三日以内に見積もり書と納品保証を出せというかなり無理な依頼をしてくるのは、こちらのマネジメント力を評価してみようということか」

河島はさらに続ける。

「これはインダストリー4・0の狙いの一つでもあるのだが、グローバルな産業エコシステムをオープンイノベーションで構築できる仕組みにして、産業の進化をスピードアップさせようということだ。具体的には、業種の枠を超えて要素技術を活用できるようにすること、世界中で行き場を失っている巨大なマネー、特にベンチャーキャピタルやファンドなどのリスクマネーを技術開発に取り入れやすい仕組みを構築しようということだ」

「何かわからないが、壮大なことを考えているようだな、インダストリー4・0は」

藤堂は少々面食らった。「俺はもしかして何も知らないのかもしれない。健一に相談してよかったよ」

「だろうな。しかし、このくらいの大きな話じゃなければ、第4次産業革命と呼ぶなんておかしいと思わないか？」

「俺がずっと腹落ちしなかった理由の一つは、産業革命という大げさな言葉を使っていることだった。工場のカイゼン活動に注目してくれるのはありがたいが、さすがに第4次産業革命は言葉が大げさだと感じていた」

「俺も同感だ。もう一度言うぞ。インダストリー4・0は工場の現場カイゼン活動の支援が最終目的ではない。その辺から認識のギャップが生まれている。日本では、オペレーションズ・マネジメントは製造現場のカイゼン活動だと信じ込んでいる。

だから、ITの活用も遅れているし、海外展開も現場任せで、うまくいっていない企業が多い。経営者も、人手が足りないから成長できない、と成長できない理由を人手不足のせいにしている。海外の経営者からみると、思考停止としか思えないようだ」

河島は、ちょっと突き放したように話した。

「日本だけだよ。企業のオペレーションズ・マネジメントを現場の仕事だと考えているのは。欧米やアジア、いまでは中国の大学やビジネススクール、MBAでもオペレーションズ・マネジメントやIT戦略は必須科目の1つだ。エリートが学ぶべきテーマと考えている。もっとも、その重要性を教えたのはトヨタ自動車を代表とする日本企業だ。紺屋の白袴だよ」

「健一はさすがによくわかっているな。修羅場をくぐってきただけのことはある」

藤堂は、話をボルツ社に戻したかった。

「ボルツ社が要請してきたのは、工場の現場カイゼン活動の話ではなさそうだ。少し、ゆっくり工場の運営管理をどう高度化していけばいいか、俺にもわかるように説明してくれないか？」

COLUMN

欧米が学んだ日本の工場

世界的にオペレーションズ・マネジメントの重要性が認識されるようになったのは、日本企業がきっかけだった。一九八四年、トヨタ自動車がアメリカのゼネラル・モーターズ（GM）との合弁会社NUMMIをカリフォルニア州フリモントに設立。GMの閉鎖された旧工場の建物と労働者を引き継ぎ、圧倒的な在庫回転率と歩留まり向上を実現し、北米の最優秀工場になった。

「日本企業は産業別労働組合がなく、残業させて従業員を働かせているだけ。米国で上手くいくはずがない」と冷ややかだった米国の世論も、米国人労働者を使って全く別次元のマネジメント力をトヨタが実証してみせたことで一変し、米国のエリート層には衝撃が走った。

ビジネススクールの教授たちも困惑した。ＭＢＡのカリキュラムにはトヨタの凄さを説明できるカリキュラムがなかったからだ。そこでハーバード大学やＭＩＴなど有名大学がトヨタの工場を徹底的に分析することになった。その結果は報告書にまとめられ、全米のビジネススクールのカリキュラムに加わった。**プロダクション&オペレーションズ・マネジメントシステム（ＰＯＭＳ）**がそれで、ＭＢＡのカリキュラムに導入されて既に三〇年経った。いまや全米で一万人の会員を擁する学会もできている。

欧州でも同様のカリキュラムが導入され、約五〇〇〇人の会員を擁するＥＵＲＯＭＡが設立された。欧米のＭＢＡではＰＯＭＳは必須科目になっている。

欧米だけではない。中国の主要ビジネススクールも同様で、オペレーションズ・マネジメントだけで数十人規模の教授陣を抱える大学も少なくない。

これに対して、元祖日本はどうか。これがお寒い状況なのだ。日本のＭＢＡは、依然として財務管理、マーケティング、戦略、人的資源管理などがカリキュラムの中心で、オペレーションズ・マネジメントを教えているのは慶應、早稲田、神戸の各大学院ぐらいで、スタッフも手薄だ。

オペレーションズ・マネジメント関連では、APICSという国際的な団体がある。一九五七年に設立され、全世界に三〇〇以上のチャネルパートナーを抱え、SCM（サプライチェーン・マネジメント）と運営管理を専門としている。一万五〇〇〇社以上、三万七〇〇〇人の会員を擁する。

APICSが認定するCPIMとCSCPという二つの資格は、国際スタンダードになっている。CPIMは取得者数一〇万人以上、世界でSCMに携わる人の共通資格となっている。

この標準化によって、欧米、アジア、中国、ロシア、東欧、アフリカ、中東に至るまで共通の専門用語（英語）で工場運営が可能なのだ。

ANDON（アンドン）、**POKAYOKE（ポカヨケ）**、**5S**、**KAIZEN（カイゼン）**、**JIT（ジャスト・イン・タイム）**といった日本生まれの専門用語は、そのまま通用しているが、肝心の日本の工場の国際標準化は大きく立ち遅れている。

3

河島は日本経営史の講義さながらの話を続けた。

「日本の工場は現場が優秀だったから、経営者は工場の運営、ＱＣＤ（品質、コスト、納期）を工場や現場任せにしてきたし、いまもそうだ。しかし、一九八〇年代まではそれで良かったのだが、いまや世界のマネジメント層はＱＣＤ管理などオペレーションズ・マネジメント領域、運営管理プロセスの設計こそ、マネジメントの重要な役割だと考えている」

河島は一気にまくしたてた。

「統合基幹業務システム（ＥＲＰ）が世界であれだけ導入されているのに、日本では会計システムどまりだが、製造実行システムや製品ライフサイクル・マネジメント、プロジェクト・スケジューラーによって業務がモデル化され、コンセプトが共有される効果は大きい。アプリケーション・ベンダーには巨大市場があることから、大きな投資が可能になる。これが産業の進化を加速している」

さらに話は続き、一層熱を帯びてきた。

「日本は一九八〇年代に成功し過ぎて、〝成功の逆襲〟に遭っているんだ。日本企業はオペレーションズ・マネジメントの重要性を世界に証明してみせたのに、そこで進歩が止まってしまった。

祖父がよく言っていたよ。『日本は零戦で成功したが、アメリカは不時着した零戦を徹底的に分析して戦い方を変えた。物量もあったが、あの学習能力に日本は負けたんだ』と。

マレー沖海戦で英国海軍の戦艦プリンス・オブ・ウェールズとレパルスを沈め、戦闘機の時代が来たことを証明した帝国海軍と同じ運命だ」

「なるほどね。〝ものづくり敗戦〟が近いってわけだ」

「日本の製造業は現場にいけばいくほど、傲慢になる人がいるね。少し具体的な話をしよう。QCD管理の話が出た。これは誰がどう管理するのがいいのか。敬介はどう考えている？」

「QCD管理は基本中の基本だが、容易ではないことは俺にもわかる。正直に言うと、工場の熟練の技に任せるのが一番で、口出しして煙たがられるのは問題だと考えている。コストは対前年比で三％低減、品質管理は一〇〇％を目標にしているが、実現は難しい。納期管理は、納期遅れを対前年比で減らすよう頑張ってくれ、と目標だけ示している。これでは任せすぎか？」

「いくつか質問する。QCDの三つは独立して管理可能か、つまり品質管理担当者、原価管理担当者、納期管理担当者がいて、それぞれに責任を負わせることが適当か？」

「それぞれ課長を置いて担当させている。それを束ねているのが製造管理部長の田中だ。よく田中さんたちは夜遅くまで議論している。熱心だから、いつも頭が下がる。質問の答えになっているかな？」

「ではQCD管理は誰が行うのがいいか。誰が責任を負うべきか。いきなり現場かい？」

「そうだなあ。うちでは田中さんだな。現場といえば現場だな」

「それでいいと思っている？」

「特に問題が発生しているわけではないからね。それではダメなのか。何か見落としているところがある？」

少し間を置いて、河島がさらに質問をぶつけた。

「藤堂の会社が大体わかってきた。敬介は、海外展開ができないのは規模が小さいから現地の人材確保や育成の負担が大きく、下手に製造ノウハウを現地に教えたら、転職されて競合企業にノウハウを盗まれると話したよね」

「そうだ。健一は欧米企業は小さくても進出していると教えてくれたが、俺にはそれをどういう方法でやっているのか、興味がある」

藤堂はそう話したあと、少し考えていた。

「そうか。さっき説明してくれたオペレーションズ・マネジメント教育が世界中で共通に行われているので、ゼロから教えなくてもできるようになっている、ということ？　まさか。本当にそうなっているのか？」

「それだけでできるわけではない。経営層がオペレーションズ・マネジメントを自らの責任範囲だということを認識していることが大きい。製造管理部長の下に、ＱＣＤの課長がいて、製造管理部長に全責任があると話したよね。例えば、ＩＴ部長は製造管理プロセスを把握している？」

「ＩＴ部長？　うちのＩＴ部長は事実上俺だ。われわれ程度の会社だと、ＩＴシステムに大きな投資をしているところは少ないと思う。それだけの余裕がない。だから、ＩＴ部長は製造管理プロセスを把握していない。経理システムで税金だけはきちんと納めているよ。原価もかなり包括的な原価管理になっている。財務会計システムの延長といわれても仕方がないけど」

4

ここで藤堂は、ハルトマンからの注文について河島に訊いてみた。インダストリー4・0を調べて生産プロセスと生産プロセス管理の仕組みの整備、具体的にはＩＴ・組織構成、役割・権限・社内ルールの整備、統合基幹業務システム、製造実行システム、製品ライフサイクル・マネジメント、プロジェクト・スケジューリング、製造ＩｏＴなどの活用という藤堂にとっては理解を超える注文だ。

「これはどう解釈すればいい？」

「統合基幹業務システムから説明する。SE出身の敬介もよく知っているように、第4次産業革命で出てきたツールではなく、一九九〇年代に登場した企業情報システムのソフトウェア・パッケージ商品のことだよ」

「ERPは俺も知っているよ。当時、日本でBPR（ビジネス・プロセス・リエンジニアリング）が流行して、海外企業の業務効率化のベストプラクティスが装備されているERPをその中で活用しようと日本企業が取り組んでいた。

ただ、海外の業務をベースにしたベストプラクティスであるため、日本での業務や商慣行と異なる面があり、独自の業務や商習慣に合わせる追加のシステム変更をするケースが多かった。それで、パッケージソフトを安価に導入する目論見とは裏腹に導入コストが高騰した。クライアントサーバーがもてはやされた時代だったよな」

藤堂も知っている限りを述べた。

「その通り。**SAP**[*1]、**オラクル**[*2]、**QAD**[*3]とか企業名は聞いたことがあると思うけど」

「名前だけはよく知っている。もっとも、俺はスクラッチ開発のSEだったから、実際に扱っていない」

そう話したところで藤堂が「そう言えば、最近、ERPの話を聞いたな」とまた話し始めた。

「同業者の社長がＥＲＰについてこぼしていた。二年前に思い切って二〇〇億円を銀行から借りてドイツの中堅部品企業を買収したのだが、まったく同じＥＲＰを使っているのに使い方が違ったという。日本側は会計システムどまりだったが、ドイツの会社は製造からすべてＥＲＰの機能を使っていた。結局、業務統合で日本側がドイツ側にあわせることになって、大変だったそうだ」

「そうなんだ。それはドイツが世界標準なんだ。日本企業はＥＲＰをカスタマイズして自社仕様にしているからで、いざＭ＆Ａで業務統合となると、大変な手間がかかる」

河島は、さらに話を進めた。

「その後、日本では話題にならなくなったＥＲＰも、海外では凄い勢いで導入が進んだ。最近はＩＴの基盤環境が一気に高度化し、クラウドサービス型のＥＲＰが登場した。アジアの中小企業でも利用が進んでいる。大企業ではグローバル対応のために利用しているケースも多い」

「ＥＲＰで一体、何が可能なんだ？」

＊1……ＳＡＰ：ドイツに本社があるヨーロッパ最大級のビジネスソフト企業。大企業向けエンタープライズソフトウェア市場においては圧倒的なシェアを保持しており、企業の基幹システム分野は世界一。
＊2……オラクル：データベース管理システムを中心とした企業向けソフトの世界的メーカー。
＊3……ＱＡＤ：米国の統合基幹業務システムベンダー。

藤堂が尋ねた。

「ERPは企業の基幹システムに関することをほぼすべてカバーしている。しかし、日本では経理システムか会計システムとして部分的に活用されているケースが多い。販売管理や生産管理、物流管理、人事管理などは外側に別の仕組みを構築し、最終的に会計システムに連結するというやり方だ。もっとも、そういう使い方をしているのは日本企業の特殊性だな」

ここまで一気に喋った河島は、ビールを旨そうにごくごく飲んだ。

「ERPの中でも『製造管理プロセス』についてボルツ社が指摘しているのだろう。ということは、ケイテックでは製造の統合管理プロセスが確立できてないのかな」

「製造の統合管理プロセスとは何のことだ？　ERPは億単位の投資が必要なんだろう。うちではとてもそれだけの負担はできないよ。ITに投資をしても原価低減ができる気がしないし」

藤堂は焼き鳥屋の煤けた天井を見上げながら嘆いた。

「この際、言ってしまうけど、おそらくこの状態のままではケイテックは確かに技術力は高いが、品質・コスト・納期（QCD）、いわゆる製造の統合管理技術が低い、ただの便利な下請けに終わってしまう」

河島から手厳しい言葉を浴びて、藤堂は酔いが醒めかかった。その後も、河島のERPをめぐる背筋が寒くなる講義が続いた。

COLUMN

ＥＲＰ活用をめぐる日本企業の「失敗」

ＩＴコストはこの数年、著しく下がってきた。以前は導入時だけで最低数億円といわれたＥＲＰ（統合基幹業務システム）も、クラウドサービスへの移行で劇的にコストが下がっている。

特に、カスタマイズなしでそのまま利用する場合、ユーザー一人当たり年間で三〇万円程度で済む。一〇人で活用しても、年三〇〇万円程度だ。従来であれば、サーバー費用や保守のＳＥ費用だけでもそれ以上のコストを要した。

この一人当たりの費用には導入に伴う教育費や人件費は含まれていない。狭い範囲のＥＲＰは既に機能的には汎用品で、教育体系も国際教育機関ＡＰＩＣＳが用意している。インフラはクラウド化されて、誰でもいつでもコンピューター資源を安価に活用できる。

日本勢は、クラウド技術でＡＷＳ（アマゾンウェブサービス）、グーグルクラウド、マイクロソフトAzureなどに大きく水を開けられた。

アマゾンのＡＷＳなどはデータセンターなどに毎年二兆円の投資をしている。太平洋の光ファイバー網も自前で整備しはじめた。通信会社の機能も持ち、巨大なデータセンターネットワーク、クラウドを運営している。ＥＲＰベンダーはそのインフラを活用している。

日本でもＥＲＰの利用は進んできたが、大半は経理システム、会計システムとしての活用にとどまっている。製造現場の優れたカイゼン能力がＥＲＰと相いれないという見方もある。要は現場に口出しするな、という考えが根強い。

他方、海外ではアジアも含めて中小企業でも製造部門でのＥＲＰの活用は一般的だ。その結果、海外展開が比較的容易になっている。日本の中小企業は英語力が海外展開の壁と思われているが、実際は製造部門のＥＲＰの導入遅れこそ壁になっている。

5

「いいかい。今の説明をそのまま正しいとすると、こういうことにならないか。製造部長が急死、もしくはヘッドハンティングされたら、一体、敬介の会社はどうなるんだ？」

「大変だよ。でも人間ドックや集団健診は実施しているし、会社が好きだと言っているから大丈夫だと思うのだが……問題は年齢かな。田中部長は既に六〇歳を超えている。次はなかなか決まらないんだ」

「敬介は製造管理部長の代わりはできるのか？」

「俺はＳＥあがりだし、とても無理だ。お前の言いたいことがわかってきた。うちの製造管理は、人に依存し過ぎているということか。人を大事にしてきたといってほしいのだけど。うちは製品開発や加工技術で勝負してきた会社だ。ＱＣＤの製造管理は主流の業務ではなかった。特に問題がなければ良かったんだ。リスクマネジメント上は確かに健一が言う通り、問題かもしれない」

「事業継続性の観点から見てリスク管理上の問題があると言っているだけではない。それが事業の成長を阻害していることが問題なんだ」

「それが、とは何だ？」

「業務管理が形式知化されていないことだよ。組織知、仕組みになっていない。業務管理プロセスを管理する組織も独立していない。形式知化されていないのでシステムの導入、例えばＥＲＰの導入もできない。だから、事業の成長性が阻害されている。特に、海外展開でそれが既に顕在化している。そのことに誰も気がついていない。英語ができないというわけじゃない、問題は。そうは思わないか？」

「形式知化か。要は製造管理部長が日々やっている品質管理、納期管理、原価管理の熟練のノウハウをみんながわかる知識にして、組織知として管理していくということか。なるほど。それができれば苦労はしない。大きなコストをかけずにそれができるのか、本当に？」

「敬介の会社でどれくらい苦労してできるか約束はできないが、ボルツ社が言っているのはそういうことだ。インダストリー４・０でドイツがやろうとしているのも、この考え方の延長上にある。コストを掛けてもやるべきだよ」

河島はここで一息ついて焼き鳥を口にした。そして続けた。

「業務プロセスの形式知化とプロセス自体の改革に継続的に取り組む組織を現場とは別に設けることが重要だ。そうでなければ、海外への製造管理業務の技術移転やＩＴ導入など、オペレーションズ・マネジメントに組織的、科学的、客観的に取り組めない。現場で何をやっているかを記録して組織的にカイゼンしていくことを製造管理部長には任せられない。彼にはそれを行うインセンティブがない」

河島はまたビールをゴクリと飲んだ。

「形式知化されると、自分が必要なくなる。これが現場の心理だよ。誰だってそうだろう。突然、技術継承ができないと慌てる企業もあるが、本来、企業は組織として担当者に何かあったとしても事業を継続できる必要がある。高齢化で技術継承できないことが問題になるなんてこと自体、大きな問題だよ」

藤堂はアルコールの酔いが回ったのか、顔がうっすら赤くなっている。河島の話に身を乗り出して聞き入った。

「なるほど。もう少し具体的に話をしてもらえるかな。何かの例で構わない」

すると、川島は第４次産業革命で話題となっていた**スマート工場**を例に思考実験を始めた。

（1）海外に新工場を設立する際、製品や部品表、加工工程や設備を既知としてどんなレイアウトで、どんな設備の製造ラインで、何秒で製造できるか？　設備投資、価格、現場の作業員の数をどう設計できるか？　設計の基礎的な数字や考え方が組織的に整理されているか？

（2）もし急に来年から月間二万個の部品を供給してほしいと言われたとすると、ラインの設備設計や設備投資の投資規模などを短期間で見積もりを取れるか？

（3）実際に完成した工場の運営が当初の設計の目論見と異なっていた場合、何が設計時の想定と違うのか、どこを改善すれば工場全体のパフォーマンスを向上させることができるのか？

（4）品質問題が発生したとき、品質管理プロセスのどこを変えることが適当か、そのとき、標準原価はどれだけ増加するか？　追加された工程はスケジュールにはどの程度の影響を及ぼす危険性があるのか？　追加すべき設備や検査装置はあるのか？

「QCD全体のバランスをみて、こうしたことを可能にするのが製造の統合管理、またサイバー・フィジカル・システム（CPS）の発想だ。これがスマートな工場、スマート・ファクトリーだよ。何も設備のチョコ停などの予兆保全だけが目的ではない」

「俺もなぜチョコ停だけがとり上げられるのか実はわからなかった。今の説明はよくわかる」

「飲み込みが早いな、藤堂は。チョコ停が採り上げられる理由は、既存の企業システムに手を入れる必要がない、独立した仕組みとして手っとり早く整備できる、ということが理由だよ。要はベンダーが営業しやすいセールストークさ」

COLUMN

なぜスマート工場を実現するのか？

第一の目的：
自社の製造にかかわるあらゆる知識体系の整理・形式知化による組織知の形成

形式知化ができればさらに改善ができるし、最適な状態に近づくことができる。何より、突然の攪乱があっても全体を見渡して最適な意思決定が可能となる。日本の中小製造業にとって形式知化の最も重要なメリットは、海外工場への技術移転が容易になることだ。

第二の目的：
製品ライフサイクル・マネジメント（PLM）の実現

製品の企画・設計から、生産技術設計、いわゆる製造プロセス設計、生産ライン設計、実際に生産活動に入ったとき、どれほどのスピードで生産が可能か、ボトルネック工程はどこに発生するか、製品の種類やパターンが変わった場合にはどこにボトルネックがシフトする可能性があるか、製造時の各種の履歴の蓄積と販売後のアフター市場での対応状況、各種保守サポートに至る製品のライフサイクル全体の事情を製品設計に反映させる。

さらに各プロセスの改善活動へ連携させる。つまりデジタル連携によるバーチャル・エンジニアリングの徹底である。

●従来は設計部隊と製造部隊がさまざまな摺り合わせを大部屋で行い、設計変更を繰り返すことで、最終的な製品の量産化までこぎ着けていた。

PLMでは、CAD（設計支援システム）／CAM（製造支援システム）／CAE（製品の設計・開発工程支援システム）などを高度に発展させてこれを組み合わせ、動的な3Dの設計データに、材質・色・形状・製造にかかわる加工情報などの属性情報を加味した3Dモデリングデータとして扱う。

この結果、例えば加工の際に生産性や品質を左右する重要な〝公差〟をシミュレーションによって合理的に設定することが可能になる。何万時間の使用に耐えうるには、許容される加工精度はどこまでか、どれだけの加工精度までが本当に必要なのかが数値シミュレーションできる。

従来は必要以上に安全係数を高く設定し、必要以上に過剰な高品質を設定して原価やスケジュールに影響を与えていた可能性がある。この領域に合理的な意思決定ができる可能性が出てきた。

さらに納期を重視するあまり、製造現場の判断で許容「公差」を甘くして、カイゼンと称する活動によって無理に納期に間に合わせたりする必要がなくなる。公差の設定は、製造や品質管理プロセス設計に直結し、標準原価の算定にも直結するだけでなく、何よりスケジューリングに直結する。とても現場に任せられるものではない。

●製造やプロセスを考慮した効率的な設計が初期段階から仕込めることになる。その結果、試作品作成の回数や設計上の手戻りを極力減らして、設計から量産までの時間を短縮化できる。見方を変えると、さまざまな付加情報が載った３Ｄデータを、設計開発・生産技術・製造・運用・保守のエンジニア間で共有することで、バーチャル空間での〝ワイガヤ〟によるものづくりが可能になる。欧州の製造業はこれに精力的に取り組んでいる。

以前に提案されたコンカレント・エンジニアリングが実務的にはじめて可能となり、各種設計品質を向上させると同時に、開発リードタイムが圧倒的に短縮できる可能性が出てきた。

最終形態として設計段階からＶＲ（バーチャル・リアリティ）技術を利用するところまで行き着く。これは日本の得意技であった「摺り合わせによるものづくり」がデジタル上に実装されることを意味し、日本の優位性が失われる事態である。

もっとも、デザインルールが明確な領域については、３Ｄの設計図になった段階で、システムが自動的にルール違反を判定してくれるから、昔ほどワイガヤではなくなるかもしれない。

第三の目的：
ビジネスモデルの変革

スマート工場やモデルベース開発（MBD）、製品ライフサイクル・マネジメント（PLM）を前提とすると、製造業は製造業のままに踏みとどまっている必要性や必然性はなくなる。工場内だけでなく、工場と外部とをネットワーク化することで新しい価値を生み出すことも容易になる。

例えば、工場の外側とネットワーク接続が可能になれば、顧客の注文をそれぞれカスタマイズして製造するモデルが可能になる。

ハーレーダビッドソン[*1]では、顧客からカスタマイズされた注文を受け、マス・カスタマイゼーション（一品受注生産）が可能な仕組みを備えている。

ハーレーでは顧客から注文を受け取ると、必要な部品をすべてリストアップし、在庫確認や手配を自動的に行い、それを工場側の生産計画に取り込み、製造を実行する。これにより顧客への納品時間を二、三週間ほど短縮でき、顧客満足度を高めている。

もう一つの例は、製造ノウハウそのものをサービス提供しようという試みだ。**ボッシュ**[*2]

や**シーメンス**[*3]、**クーカ**[*4]（ＫＵＫＡ）、**トルンプ**[*5]（ＴＲＵＭＰＦ）は、工場の運営システムをクラウドサービスとして、新興国の製造業に提供している。これは本格的な製造業のサービス化として注目されている。

第四の目的：製造管理ノウハウではなく、製造技術のノウハウ、いわば匠の技術の数値化

匠の技術で製造を行う際、暗黙知で製造されていたのを形式知して製造をしようとすることだ。これにはＮＣマシンでのプログラミング・ノウハウも含まれる。

第４次産業革命のものづくりにおいて最も重要なポイントは、知識、ノウハウなどの目

＊１……ハーレーダビッドソン：一九〇三年創業の米国のオートバイメーカー。熱狂的な愛好者が多く、カスタム生産の先駆となった。
＊２……ボッシュ：自動車部品と電動工具のトップメーカーであるドイツ企業。
＊３……シーメンス：ドイツを代表する名門企業。電力・情報通信・医療・防衛など幅広い分野を手掛ける総合メーカー。
＊４……クーカ（ＫＵＫＡ）：産業ロボットとファクトリーオートメーション関連機器の世界的なドイツ企業。二〇一六年八月から中国の美的集団傘下に入っている。
＊５……トルンプ（ＴＲＵＭＰＦ）：ドイツの産業用工作機械・レーザーのトップメーカー。スマート工場関連で業績を伸ばしている。

に見えないものづくりの知的資産をデジタル空間に資産化し、スケーラブルに世界中に移転することだ。

日本刀製作のような工芸品以外の製品は、遅かれ早かれその波に飲み込まれる。従来のものづくりは、「人件費の安い新興国とどう対峙していくか」がテーマだった。今後は「いかに機械を上手に使うかの戦いにどう対抗していくか」が課題となる。

ヨーロッパや米国、中国・東南アジア諸国は、進化した機械を活用して戦いを挑んでくるはずだ。そのとき、日本企業はどんな武器で戦うか。可能であれば、モデルベース開発や製品ライフサイクル・マネジメントなど第４次産業革命の最新の武器を実装して戦いたい。

将来的には、性能の良いセンサーとＡＩの機械学習を組み合わせて、職人がやってきた匠のものづくりの領域を、人が関わらずに機械だけであるレベルまで実現できるようになる。しかも機械だから、体調や感情に左右されることなく、安定した品質で休みなく作り続けることができる。

残念ながら、第１次産業革命以降、人間は機械との戦いには敗れ続けてきた。いまわれわれが直面している第４次産業革命でも、その結果は推して知るべしだ。

もう一つ、匠の技を持つ職人がいつまで働けるかという問題もある。一般論だが、製造業の現場では、匠の職人は概して高齢化している。いつまでも彼らに頼って生産することはできない。

定年後、シニア職としても延命したとしても数年だろう。どこまで技術の伝承ができるか、怪しい。人手不足が恒常化している環境下で若手への伝承が失敗すれば、生産維持すら難しくなる。

6

「ざっと、こんなところかな？」

河島はそう言うと、ビールを一気に飲み干した。続けて、

「おやっさん、生大、追加でお願い」声を張り上げた。

「ずっともやもやしていたことが、ようやく理解できた。頭にガツンときたよ。目が覚めた思いだ。俺は馬鹿だった。もっと早く河島に相談すれば良かった」

藤堂は河島の目を見据えてから、天井を仰いで言った。考え事をすると、天井を眺めるのは学生時代からの癖だった。

「うちの会社の置かれた状況は説明した通りだ。第4次産業革命という大きな波が迫っている中でどうすべきか、教えてほしい」

「わかった。忌憚なく言わせてもらう。怒らないで聴いてほしい」

運ばれてきたビールをいきなりグイと飲み、河島が語りだした。

「敬介の会社がボルツ社から声を掛けられことは、結果は残念だったが、チャンスとも言える。

というのも、敬介の会社が国内の取引先に恵まれ、仕事をもらってきたのは、有力取引先に生殺与奪の権利を握られた関係の下でのいわゆる下請けだったからだ。

世界市場に進出し、適正価格で受注し、無理のない生産方法が確立できれば、ケイテックは下請けから抜け出して、本当のパートナー企業になることができる。オペレーション・プロセスの変革は敬介の腕次第だが、ドイツ企業との取引はいろんな意味で企業を変えるきっかけになるよ」

「確かにそうだ。悔しいが、健一の言う通りだ。単なる下請けになるな。ものづくりのパートナー企業としてエッジの立った存在になれ、という応援メッセージだな。ありがとう」

「えっ、拍子抜けだな。俺はてっきり、真っ赤な顔で怒鳴られるかと思っていた。逆に感謝されるなんて……。でも、それでもこれだけは言わないと友達甲斐がないしな」

河島はペロッと舌を出した。

「己の置かれている状況を無視できるほど、傲慢なプライドは持ち合わせていないよ。でも、なぜ怒鳴られることを覚悟で言わないといけないと思ったんだい？」

藤堂は尋ねた。

「シャープが外資に買われ、東芝までがウエスチングハウスの問題などで一時は追い込まれてしまった。元気のない日本のものづくり企業が増えていくことが、コンサルタントとして許せないのかもしれないな。かつては世界に冠たる製造大国だったんだ、この国は。問題はやはり経営トップの危機感のなさだ。せめて可能性がある企業には気づいてもらいたい」

河島は話を続けた。

「ケイテックは将来の方向性を再考する必要がある。日本を取り巻く環境変化を考えると、残された時間はあまりないよ」

藤堂は言葉に出さずに、「その通りだ！」と心の中で呟き、頷いた。

「健一の言葉が脳味噌にガツンと響いたぜ。ありがとう」

右手を出して河島の太い手をぎゅっと強く握った。

「お役に立ててよかった」

藤堂の強い反応にやや拍子抜けした様子の河島が答えた。

「呼び出しておいて申し訳ないが、俺は先に帰らせてもらうよ。急いでやらないといけないことがある。本当にありがとう。助かった」

晴れ晴れとした表情で藤堂は言い、財布から一万円札を二枚取り出して、テーブルの上に置いた。

「そんなに飲んでないよ」

「構わん。構わん。余った分は次回に」

「今日はありがとう」

藤堂はそそくさと席を立ち、帰って行った。

「ふっ、相変わらずわかりやすい奴だ。昔から変わってない。そこがいいところだけど」河島はまた生ビールと焼き鳥を注文した。

COLUMN

第4次産業革命のポイント解説

（1）製造管理ノウハウの形式知化のため、ＩｏＴの技術を採用する。工場の設備にセンサーをつけ、設備の活用状況・負荷状況などの情報をきめ細かく収集することで暗黙知だった設備の予兆保全のモデル構築ができる。仕掛品のロットごとにＲＦＩＤや二次元バーコードをつけ、半製品の生産ロットと生産設備の時間単位での紐付けが大きな負荷をかけずに可能となる。

（2）管理精度の向上は情報収集作業が面倒で負荷がかかるため、生産性を阻害する、とこれまでは現場が嫌っていた。管理組織を設けずに製造現場に押し付けていたため、総合基幹業務システム（ＥＲＰ）は日本の製造現場に合わないと言われ、導入されなかった。ＩｏＴ導入で製造管理プロセスの形式知化が可能になる。

（3）各工程の作業内容が可視化できる。可視化により、製造ロット単位で各工程でどんな設備でどんな加工をどれくらいの時間で行ったか、人的リソースをどれぐらい投入したか、品質管理プロセスを含め、きめ細かく把握できる。正確な生産活動の進捗が把握でき、製造工程、工順のマスターの精度が向上する。

（4）その結果、各種原価差異分析が負荷なしで可能となり、標準原価の算定精度が向上する。原価企画の精度向上へとつながり、見積もり原価の精度向上、迅速な見積もり原価作成が可能となる。品質管理プロセスの設計力も向上し、標準原価算定の精度も向上する。ここまできて、ようやく機敏で現実的な生産スケジューリングが可能となる。

（5）形式知化を図った上で、工場を最適化された状態に維持しつつ、さらに現場の作業は、自律分散協調型の生産システムで生産を行うことによって複雑性を回避しようとするアイデアもある。すべてを中央集権で行うことが効率的ではないことは織り込み済みだ。

急な生産計画の変更があっても、生産スケジュールの調整を半自動的に行うことが可能となる。特急便とか緊急便と言われる得意先からの生産計画の変更要請があるが、製造管理ノウハウが形式知化されていれば、瞬時のシミュレーションが可能だ。もっとも、すべてを自動化するわけではない。「全自動ではできるはずがない」という批判があるが、全自動にしなければいけないわけではない。

第4章 *Chapter 4.* ケイテック改造計画

1

藤堂は、急ぎ磯子の自宅に戻った。相当量のアルコールを飲んだにもかかわらず、頭は冴えていた。書斎に籠もり、今日の河島の話を反芻した。

「お帰りなさい。河島さんとご一緒だと言うので、もっと帰りが遅いと思っていました。はい、お茶」

幸恵は書斎のドアをノックしながら、日本茶を運んできた。

幸恵はおっとりとした性格であるが、時折、動物的な勘で驚くほど的確な気づきを与えてくれる。もっとも、本人はそんなことには全く気づいていないらしい。

「まだ、お仕事されるの？」

「そのつもりだよ。ちょっとした会社の危機なんだ」

「あら、大変」

大変そうには聞こえないトーンで言った。

「まるで他人事だな」

「そんなことはないわよ。でも、私が心配しても、会社のことに関しては何もできないから。社長のあなたしか対応できないでしょ」

「そりゃそうだけど……」

「私が心の支えにはなっているのだから、徹底的に悩みなさいな」

幸恵は笑いながら言った。

「ありがとう。心の支えね」

藤堂も笑いながら答えた。

お茶を啜りながら、「徹底的に悩みなさい、か」と呟いた。

「そうか、悩み抜いて腹をくくり、自らを変えていくしかないのか？」

「これは改革だ。そうだ。改革なのだ」

「でも、何から変えていけば良いのだ？」

ぶつぶつと自問自答を繰り返した。

「ある意味で、ボルツ社から声を掛けてもらったのは、僥倖だった。これがなければ、第４次産業革命の核心部分を理解しようと考える機会すら持てなかった。このチャンスを絶対に活かすべきだ。今、この苦しい瞬間は、上手くすればケイテックを生まれ変わらせる最大のチャンスになるはずだ」

そこで、藤堂は普段気になっているケイテックの強みと弱点をノートに書き出すことにした。

まず、ケイテックの強みを書きだした。

●航空業界の仕事をこなせるぐらい高精度の部品製造が可能。
●自動車業界からのオーダーをこなせるほどの数量を製造できる。
●腕の良い職人を多数抱えている。
●量産切削加工、精密切削加工、溶射事業の異なる三領域を有している。
●研究所を持っており、次世代の技術開発を行っている。
●安定した取引先を持っている。
●財務的には優良。ほぼ無借金経営であり、内部留保にも余裕があり、大型投資にも耐えられる。

●特許技術がお金を生み出し始めている。

藤堂は以上の八つに、

「精神論ではあるが……これも重要」と、九点目の長所として、

●諦めないこと、諦めが悪いこと。やりぬくこと。

を書き加えた。

次はケイテックの弱点である。

●時折、生産能力が不足し納期に間に合わないため、オーダーを断っている。

●生産能力が足りないとき、急な残業や夜間、休日勤務をさせるしか解決策がない。

●翌週回しでいい仕事もあると思うが、各工程での生産ロットの正確な進捗状況が報告されるのは週末のため、再スケジューリングは週末まで待たざるを得ない。

●新規製品の製造原価を見積もる手法は、経験豊富な熟練技術者がエクセルに細かな仕様を入力して算出している。計算ソフトを作成した技術者は二年前に退職している。全く新しい分野の新製品について高い精度の見積もり原価を算出する方法が確立していない。

●量産試作後、工程別ロット別の実際原価を把握していないため、十分な見積もり原価を高い精度で検証できていない。つまり各設備へ投入された時間、当該ロットの製造終了時刻など

は製造現場では管理できているものの、入力作業の煩わしさなどから現場の抵抗があり、製造進捗管理システム、製造原価計算システムには反映されていない。

　このため、量産試作を行った作業データから見積もり原価を算定する際にもかなりのエクセルでの作業が発生し、短時間での見積もり作成が難しい。現場では原価は出荷後に作りこむということをスローガンにしているが、実はそうせざるを得ないのが実態だ。
●さらに、品質管理プロセスの設計は現場のみが把握しているノウハウになっており、製品や加工内容に沿った品質管理工数を適切に設計し、あらかじめ原価見積もりに反映させることができていない。
●製品特性や詳細部品表（BOM）とルーティング（工順：各製品の加工・組立のプロセスと各標準リードタイム）情報を基に、加工プロセスや品質管理プロセスを設計、それを工場の各工程の設備での作業にブレイクダウン、スケジューリングと原価見積もりを算出することができていない。組織的な管理になっていない。
●品質管理プロセス、原価管理プロセス、納期管理プロセスを統合的に設計し組織的に管理する体制になっていない。それを当たり前としてきたことが、今問題を生み出している。要は、管理も実行も評価も、すべて現場任せだった。
「おっと、これを忘れてはいけない。今回、痛い目に遭った訳だし」

藤堂は呟いた。既に問題が顕在化しているケイテックの成長阻害要因だ。

●精緻な見積もりを迅速に作成できない。
●急な生産計画や納期の変更要求に対応できないし、迅速に保証できる納期回答ができない。
●現在の旧態依然とした運営管理の仕組みでは海外展開は実現しない。

藤堂はこの数年のケイテックの課題を振り返ってみた。ケイテックは二年前に海外展開の機会があり、本格的に検討したが、結局実現できなかった。

現在、生産管理は現場でカイゼン作業を含めて全員がチームで行っている。そのため、生産管理全体を任せるチームを編成するのが難しい。海外展開するには現地メンバー二〇人ほどを日本で半年以上研修させることが必要とみていた。だから、当面、海外展開は無理と結論を出していた。

「将来を考え、全員でベトナムに移住する」という大胆な意見も出たが、さすがにそれでは日本の顧客が納得しない、ということで却下された。

藤堂はさらに弱点を追加した。

●最近、顧客に積極的な提案活動をしていない。提案活動を任せられる人材が育っていない。

●腕の良い職人が高齢化して、フルタイムで働けない割合が増えていく。
●新規雇用確保が十分でなく、人員が不足する傾向にある。特に、新卒人員の確保が厳しい。
●若手への技術伝承が十分にできていない。
●働き方改革はまだ着手できていない。
●社外の協力会社の経営者が高齢化し、かつ後継者問題を抱えており、長期的にはサプライチェーンに不安を抱えている。

藤堂は、河島の言ったことをベースに自分なりに切削関連事業の今後を想像しながら、自社の将来環境について思いを巡らせた。

●現段階では、わが社は諸外国と比べて技術的な優位性を確保できている。
●何よりも自社の職人の腕が段違いに高い。
●自社外に委託している協力会社のレベルが高く、製品製造のバリューチェーンを質・量ともにしっかり堅持できている。

一方で、次の点も重要だ。

●工作機械の性能はますます高くなってきており、自動化技術と組み合わせると長期的には脅威になる。
●工作機械などのプログラミングもAIで自動生成されるようになる。長期的にはソフトウェアを含めて工作機械側に製造ノウハウを蓄積でき、最終的にはかなりの精度レベルで部品加工が可能になる。
●新興国では最新ソフトや**NC工作機械**[*1]の導入が進む。当社も積極的に新鋭機械を導入しているが、新興国ほどのハイペースな導入はできない。諸外国は日本以上に自動化にも相当なペースで取り組んでいる。
●その結果、先進国のものづくりノウハウを取り込んだ新興国がさらなるコストダウンを進めてくる可能性がある。それに対し、匠の技術だけでどこまで持ちこたえることができるか。
●このままでは海外展開できない。取引先の海外展開についていけなければ、事業の長期成長を諦めることになる。

＊1……ＮＣ工作機械：ＮＣとは数値制御のことで、素材に対する工具の順番や加工に必要な作業工程を数値情報で指令するＮＣ装置を備えた工作機械。

熟練労働者がリタイアしていくし、新規採用はますます困難となっている。

「そろそろ腹を決めないといけない」

ここまで整理して、藤堂は呟いた。

「同じ土俵で戦っても、いつかは追いつかれ、追い越される。こちらの進化スピードをアップするか、別の競争軸で戦うしかない」

気が付くと、すっかり夜が明け、土曜日の朝を迎えていた。バイクが新聞を配達する音がかすかに聞こえてきた。

「一区切りついた。とりあえず寝よう」

そそくさと、ベッドに潜った。

2

四時間ほど眠り、顔を洗った後、藤堂はまた書斎で机に向かった。そして、将来起こりうる環境変化や技術的な進展を考慮しながら、この第４次産業革命というチャンスを活かして会社を強化するための方策を検討した。思考実験をする中でおぼろげながらやりたいことのイメージが湧いてきた。

最初に工場の「可視化」を実施する。これで、どの工程でどの製品がどのようなプロセスで製造されているかを詳細にモニタリングできるようにする。

併せて、生産管理領域にERPを導入して、原価管理を精緻に行う仕組みを整える。段取り時間なども加味した実際原価も測定できるようになり、予算編成→事業運営→原価差異分析→改善活動→標準原価設定の精度向上→見積もり原価の精度向上のサイクルをぐるぐる回し、徹底的な原価管理を実施する。

これらの仕組みがあれば、ボルツ社から要求された見積もり提示が簡単にこなせるようになる。バーコードやQRコードを利用して完璧なトレーサビリティを実現できる仕組みを各工程に組み込む。

その結果、生産ロットという粗い単位ではなく、個別製品ごとのトレーサビリティが可能になり、品質向上のための一種のインフラになる。

「ボルツ社は、目を丸くするだろうな」

藤堂はハルトマンの反応を想像してにやりとした。

万一、製品トラブルが生じた際、原因究明が容易になると同時に、廃棄数を著しく低減させることができる。各種センサーからの情報を併せて収集することで、設備の状況も分析対象に組み入れることとなり、品質向上の基礎データを収集することもできる。

サイバー・フィジカル・システム（ＣＰＳ）のアイデアに基づいたスマート工場を構築する。その際、製造実行システム（ＭＥＳ）も導入することで、工場の設備や原材料や仕掛品などの数量を自動的に把握し、生産管理ＥＲＰで作成されたプランにより作業計画を作成し、生産作業指示に関する情報を取得する。

生産実績については、生産管理ＥＲＰにフィードバックする仕組みとする。できれば、現行設備も最大限活用しながら、コストを抑制しつつ実施する。

「あの昔気質の田中さんがスマート工場化に力を貸してくれるかな。石塚専務は設備投資額を知って驚くだろうな」

藤堂は全面的な信頼を寄せる二人の腹心の顔を思い浮かべた。

同時に、量産ラインに関するビジネスモデルを変革したい。現在、ケイテックでは納期を考えた場合、一時的に生産能力が足りていないときがある。

スケジューリングを高度化することと併せて需要が自社能力を超えそうなときは、工場から加工プログラムを協力工場に送り、その設備を利用してあたかも自社工場のように活用し、仮想的に生産能力を向上させる。これにより、特急品の対応にも耐えられる能力を持たせる。

さらに、コアビジネスに関するビジネスモデルを変革する。今のバリューチェーンを販売側にも拡大して、カムシャフトのネットダイレクト販売を行う。汎用品は扱わず、既に部品流通が途絶えた廃番カムシャフトや、趣味で自動車やオートバイでエンジンの改造を行うユーザーや、その整備を行う人を対象にする。

趣味性が高い領域のため、汎用品販売に比べて価格設定を高くすることができるため、利益率の高い事業に仕立てることができるはずだ。

「この新規事業で、うちも曲がりなりにもネット企業と言えるかも。泥臭い製造業からグローバルなサービス企業に変身か。定岡君ら若い社員が喜びそうだな」

藤堂は本心から呟いた。

工場側にはネット受注に連動して多品種一品生産を自動的に実現する仕組みを導入し、試作品用の生産設備を自動化させることで、世界中から二四時間三六五日の受注・製造が可能な仕組みとする。

職人が作業を行って生産する仕組みを極力廃止し、職人の作業をモデル化し、機械が自動的に製品をつくる仕組みをめざす。ものづくりを行う中で職人がものをつくらないことは、道理に反するかもしれないが、機械ができることは機械にやってもらい、職人は機械がまだできない領域のものづくりの仕組みを研究し、さらに、それをプログラムとしてアウトプットし機械に実装するという、機械の使い手になってもらう。

そのためには、職人がものづくりの際に感覚的に行っていることの可視化が必要となってくる。

「きっと、この箇所では鮫島あたりが食って掛かってきそうだな」

藤堂はにやりとした。

可能であれば、本社工場の一部ラインを工場の新規移転を容易にできるスマートマザー工場として構築する。新規工場の設備やシステムの構成をマザー工場と同様にすることで、いわばクローン的なスマート工場として移植することができ、容易にマザー工場の機能をコピーすることが可能となる。

マザー工場と同一の機能を簡単に付与することが可能になると、かつてはマザー工場のベテラン・エンジニアを半年から一年間程度、現地に派遣しないと品質が安定しなかった工場の立ち上げが、数週間で完了できる。

しかも、スマート工場になっているため、現場作業員に対し、作業への習熟性を求める必要がなくなる。

さらに藤堂は思考を続けた。

次は改革の火をどのように焚き付けていくかだ。トップダウンの力技で強引に推し進めていく方法もあるが、それでは真の改革とは言えない。理想を言えば、社員一人一人に改革の火をともしたい。

そのためには、まず最初に社内のキーマンにメッセージを伝えて、改革に本気になってもらうことが必要だ。

ようやく改革の基本方針が決まった。

遠回りとなっても、賛同者を増やす方が最終的には効果が高い。最初にやりたいことや方針を腹落ちさせて賛同者になってもらい、その賛同者が周りの人への啓蒙活動を行い、さらなる賛同者を増やすという増幅サイクルをめざす。

とにかく、幹部を巻き込むことが先決だ。何よりも戦略を現場に移す際には、多く現場の知恵が欲しい。

今回はタイミング良く、トーカイとボルツ社の件が重なったことが危機感となり、社員みんなに話を聞いてもらえるはずだ。危機感の醸成とその共通認識は改革の第一歩だ。

COLUMN

「刷り合わせ」からの決別

従来、長期取引や暗黙知でのものづくりなどと並んで、日本のものづくりの強みとして挙げられた中に、「刷り合わせ」がある。東京大学の藤本隆宏教授は、自動車のように単純にモジュラー化しにくく、部品点数が多い製品について「刷り合わせ」の重要性を指摘し、日本の自動車産業の競争優位はそこにあると主張している。

しかし、ここにきてそうした環境が激変してきた。欧州のメーカーを中心に、ＩＴの活用とモデルベース開発（ＭＢＤ）の導入によって、３Ｄ－ＰＬＭで設計して設計から生産現場・部品製造に関係する担当者間をネットワークでつなぎ、各種シュミレーターによって実物が完成する前にバーチャルでテストまで実施する開発スタイルになってきた。

その結果、本家・日本の刷り合わせ以上に、関係者を巻き込んだバーチャルな刷り合わせ設計が可能となった。そのうえ、３Ｄ－ＰＬＭの利用によって、公差のシュミレーションによる設定や部品の共通化を実現する〝形状検索〟も効率的に可能となる。

他方、日本のものづくり企業では二〇〇八年のリーマンショック以降に大幅なリストラが実施されたこともあり、特に生産に関する技術が低下すると同時に、強みであった刷り合わせ能力の空洞化が進んだ。もはや、優位性を失いつつあると言える。

系列取引などの安定した長期取引も日本の製造業の強みだったが、ここにきて長期取引が研究開発力や新規提案の機会を失わせ、新規製品の提案力・マーケティング力を弱めているとの指摘も出ている。

日本の製造業は、刷り合わせ、長期取引、暗黙知でのものづくり、などを棚卸しして、協力会社を含めて思い切ったデジタル化を進める転換期に来ている。

3

改革のコンセプトを完成させたときには、日曜日の朝になっていた。半分興奮状態となっている藤堂は、朝早いのにもかかわらず、河島に電話した。

「お早う、敬介。どうした？　こんな朝早くから」

眠たげに河島は答えた。

「申し訳ない。どうしても健一にお願いしたいことがあって、居ても立ってもいられなくてな。単刀直入にお願いしたい。ケイテックの改革を手伝ってくれないか。第4次産業革命に対応できる企業に生まれ変わらせたい」

藤堂は少しかすれた声で言った。

「その声の様子からすると、徹夜だったたな」

「見抜かれたな。この前の健一の話を聞いて以来、興奮状態が続いて、ケイテックの今後についてずっと考えていた。方針が決まったので、思わず電話してしまった」

「多分、そんなことだろうと思った。電話が鳴った瞬間、覚悟したよ。よし了解。承知した。ただし、きちんと対価は貰うからな」

「もちろんだ。プロに依頼しているのだから、専門家としてのフィーを支払うよ。急がせてしまって申し訳ないが、詳細については来週早々に相談したい。ついては、弊社に来社できる日時を教えて欲しい」

「了解だ。後で、メールで連絡する」

「ありがとう。健一」


翌日、ケイテックでは本社で一番広い会議室に幹部らを集めて、緊急会議が開催された。

藤堂は、集まった一人ひとりの顔を見渡しながら切り出した。

「トーカイとボルツ社の件はみんなの知っての通り、残念な結果に終わった。詳しくは後ほど説明するが、特にボルツ社に関する件では、わが社が時代の波に取り残されつつあることがはっきりした」

ここで重大な発表があることに出席した全員が気づき、顔を見合わせた。

「みんなはＩｏＴとかＡＩとかいうキーワードを耳にしたことがあると思う。世界中でものづくり企業を取り巻く環境が凄まじい勢いで変わってきている。単に指示された図面に従って〝良い製品を、廉価に提供する〟という考え方だけでは生き残れない時代が近づいている。

工場がネットワーク化され、製造装置などに取り付けられたセンサーで収集されたデータを活用し、高い品質の製品を低コストで柔軟に製造できるようになってきた」

ここで藤堂は深く息を吸い込んだ。

「これを蒸気機関導入の第1次産業革命になぞらえて、第4次産業革命と呼ぶそうだ。第2次産業革命は電力エネルギーを利用した大量生産システム、第3次産業革命は電子技術やコンピューター技術を利用した製造設備の自動化を指している」

藤堂の話は熱を帯びてきた。

続けて藤堂はケイテックがボルツ社と取引できない要因を詳しく話した。第4次産業革命が本格化する可能性や今後の環境変化についても説明した。

「このままでは、ケイテックは時代の変化の波に呑みこまれて消えてしまう。そうならないために、自らを変えていく必要がある、今後のケイテックは次のことを可能にするものづくり企業になる」

藤堂は一段と声を強めた。

●下請け体制から脱し、提案できる体質になる。
●従来、勘と経験で行ってきた受注業務を科学的に行う。
●品質管理についても、品質管理プロセスの設計技術をみんなで共有できるようにして、客観的に議論できるようにし、一層レベルを上げる。

●取引先に製品を納めるだけでなく自らも販売を手がけ、消費者と直結したものづくりを模索する。
●取引先と、量産に関する技術相談をしたり、共同開発したりできる関係をめざす。
●匠の技に依存している業務を暗黙知から形式知化、組織知化し、ＩＴを活用した業務に移行していく。

さらに、前日にとりまとめたケイテックがめざす具体的な姿について、丁寧に説明した。

「ちょっと、いいですか。一言言わせてください」

定岡が口火を切った。

「社長が今話してくれたコンセプトには全面的に賛成です。でも、社長、われわれが以前にこの第４次産業革命の考え方を利用した生産ラインを提案していたことは覚えていらっしゃいますか？」

「いや、全く覚えていない」

「ひどいなあ。四カ月前に社長室で上申した件です。そうそう、獺祭《だっさい》の話をしたときです」

「思い出した。あの件か。切削マシンをネットワーク接続してデータ収集する件か？」

「その通りです」

「申し訳ない。忘れていた。そう言えば、確かにあのとき話していた件に似ている。許してくれ。でも、おそらくその提案のときの議論があったから、今回は自分で考えることができたと思う。それがなければ、多角的に自分の中で思考できなかったかもしれない。ありがとう。礼をいう」

「とんでもない。我々の提案したのはカイゼンのレベルなので、いまの話のコンセプトのように、社内の仕組みやビジネスモデルを全面的に見直すような大胆な提案ではありませんでした。社長は器が違います。ここまで大胆な改革は、われわれのチームでは考えられません」

定岡が感動した様子で言う。

その後も一同で忌憚のない意見を戦わせた。意外にも反応は良好で、概ね賛同してもらえた。特に、廃番カムシャフトの外販に関しては、侃々諤々の前向きの議論となった。

ただし、「職人が極力ものづくりをせず、機械が作る」と説明したとき、案の定、技術者を中心に強い反発があった。

「そんな時代になったら、俺たち職人はもう用済みということなんですか？」

一番に立ち上がった鮫島は顔を紅潮させ、食って掛かった。それを合図に、生産現場の幹部らから不満の声が上がった。

「鮫島さんに賛成。職人がものづくりをしないなんて、俺はゴメンだ」

「われわれに犠牲になれ、ということですか？」

「いままでのやり方で高いレベルの製品を作ってきたじゃないですか」

「いまさら、五〇歳の自分には転職なんてできませんよ」

次第に場が不穏な空気に包まれ、反対意見に圧倒されて、現場以外の幹部たちの顔も強張っていた。

「冷静になってくれ」

藤堂が鎮めようとしても、場の雰囲気は重苦しいままだった。しばし、沈黙が続く。

そのとき、日頃は口数少ない現場叩き上げの製造管理部長の田中が、挙手をして立ち上がった。

「少し自分に話をさせてほしい」

田中の顔は少し紅潮していた。

「俺たちはみんな仲間だ。この会社が好きだ。若社長がここまで言うからには、成算があると考えたい。協力しようじゃないか？」

藤堂は自分を救いに立ち上がった田中の皺が深く刻まれた横顔を見て、自然と頭が下がった。

そして、気を取り直して、説明を再開した。

「職人の匠の技はますます重要になる。必要がなくなることはない。ただ、機械で可能なレベルのものづくりではなく、機械がより高い品質や精度の製品を製造できるよう、職人は匠の技を磨き、機械に実装していく。われわれは量産品をつくっているのであって、日本刀の鍛冶屋ではない」

藤堂はここで一息ついた。

COLUMN

工場の制服の色が変わる！

従来、工場の制服は、ブルーカラーに代表されるブルー一色しかなかった。ところが、機械が進化していくと、制服の色がブルーだった領域は機械が担うようになる。

そうなると、製造ライン全体をどう構成していくか、どういう工程を経て加工していくのか、品質管理プロセスをどう設計すべきか、製造原価はどう見積もられるか、実績との差異はどうなっているのかなど、ＱＣＤ（品質・コスト・納期）の責任をもつ製造プロセス設計を管理する人が必要になる。ＱＣＤプロセスの管理だ。この部門の担当者の制服は、水色（ライトブルー）だろう。従来のブルーカラーにホワイトカラーの要素が入る。

匠の技術や研究開発を担う領域は、青を究めた藍色（ディープブルー）かもしれない。機械をどう活用するか、精度の高いものをどのように機械に作らせるかを突き詰める人たちだ。より濃い青、つまり藍色になる。

今後、ケイテックのような企業は、水色と藍色の二種類の制服集団となっていくはずだ。従来の青の制服は徐々に機械が担っていく。

藤堂は静かに説明を続けた。

「人間と機械の戦いは、第1次産業革命が起きて以来、すべて機械側の勝利に終わっているようだ。私もこの流れには逆らえないと思う。であるなら、第4次産業革命の機能を徹底的に使い倒すべきだと考えた」

藤堂は畳み掛けた。

「そこでみなさんには私が創案したこの改革案コンセプトを再検討して、具体的プランに仕立て上げてほしい。その道のエキスパートの先生にも手伝ってもらう。それが完成した暁には、トーカイやボルツ社の鼻を明かしてやろうじゃないか。みんな、よろしく頼む」

藤堂は深々と頭を下げた。

すると、田中以下技術者も含め、幹部全員から拍手が沸き起こった。

4

二日後、改革案コンセプトを再検討して具体的プランに落とし込むため、再び会議室に幹部が集まった。藤堂も出席した。河島たちの紹介と、改革への檄を飛ばすためだった。改革の火をともすためには頭で理解するだけではなく、最初にみんなに腹落ちしてもらうことが重要だと考えたからだ。

「集まってくれてありがとう。ケイテックの社運が掛かっているプロジェクトだから、将来もケイテックが輝けるように計画をしっかり練ってほしい。二カ月後を目途にコンセプトの確認、優先順位の検討結果と実行計画、ロードマップをまとめてほしい。そして、残り1カ月で仕上げてくれ。改革を指導してくださる先生方を紹介したい。KWエンジニアリング社長の河島さんです」

椅子から立ち上がって河島が挨拶した。

「KWエンジニアリングの河島です。当社は生産ラインの自動化を提案する会社で、縁あって、ドイツ企業が主導しているインダストリー4・0のプロジェクトにも参加しています。当社は日本で生まれた日本の企業です。日本の製造業にもっと元気になってもらいたいので、一肌も二肌も脱ぐ覚悟です。隣にいるのは実務を担当する当社の向山です」

並んで横にいる部下の向山新太郎を紹介した。浅黒い顔をした向山は入社五年目。河島や藤堂と同じくラグビー部出身。ポジションはスタンドオフ。いわば司令塔役だ。

「今回の御社のプロジェクトは彼がリーダーとなり、私がアドバイザーを務めます。向山はまだ若いですが、インダストリー４・０、第４次産業革命関連では当社のエースです。どうぞよろしくお願いいたします」

河島の言葉を引き取って、藤堂が立ち上がった。

「ありがとうございます。では、私はここで退席します。河島さん、向山さん、後はお願いします」

改革の検討は連日、夕方から夜まで続いた。河島と向山は、第４次産業革命に関する過去の事例や業界別の動向など最新トレンドや技術的動向を検討の材料として示しながら議論をリードし、幹部らの本音を引き出していった。これを繰り返すことで、会社のポテンシャルを今後の環境変化にどこまでストレッチさせていけるかを把握し、ケイテック流の改革の方向性を見出そうとした。

その甲斐もあって、基本的なコンセプトは藤堂が構想した草案に近くまとまりつつあった。河島と向山にとってうれしい誤算だったのは、定岡と石井が**モデルベース開発**[*1]（ＭＢＤ）と製品ライフサイクル・マネジメント（PLM）を導入すべきであると主張してくれたことだ。

実は、両者とも切削と溶射の分野で3Dモデリングに取り組んでいた。今後、手掛けるかもしれない組立工程の領域や自動車のものづくりとの連携の中でモデルベース開発とPLMの導入の必要性を強く感じていた。

ケイテックとして設計・製造のレベルアップを図るには、設計・開発、製造とサプライチェーンを含めたエンジニア同士の緊密な協働作業、知恵出しが必要で、このモデルベース開発はそれを実現する最高の道具になると定岡も石井も考えていた。将来、自動車メーカーとデジタル環境での「ワイガヤ」を実施する可能性が高いとの読みもあり、是非ともこれを機に導入を図りたかったのだ。

Tier2レベルの部品会社に対して、自動車会社は3Dデータをわざわざ2Dに変更して図面を渡すことも多い。一方、レベルの高いサプライヤー会社では、その2Dデータを3Dデ

＊1……モデルベース開発（MBD）：3DのCAD（コンピューターを使った図面設計）・CAM（CADで作成した図面をもとにコンピューター数値制御の工作機械を操作するための加工プログラム）・CAE（コンピューターを使い、設計・製造・工程設計の事前検討の支援をすること）のデータを属性情報と制御データを連携させることで、3Dモデルの製品をデジタル空間のバーチャル・モデルとして扱い、各種シュミレーションをすること。

ータに変換した上で部品作成を行うという無駄も生じている。

既に**テストベッド**[*1]的な試みは社内で走らせているので、最終的には社長に判断してもらうということで、検討案に組み込むこととなった。

二カ月間にわたって連日検討した結果、コンセプトがほぼ固まった。コンセプトだけで、いきなり今回の改革のすべての事項を実施することは困難であるため、段階を踏みながらロードマップを明確にして計画を実行していくことを決定した。

同時に、それぞれのステップでやるべきことを詳細部分にも踏み込んで実現できるかどうかについても、議論と検証を行いながら、さらなる検討案を固めていった。

なかでも一番議論が白熱したのはサイバー・フィジカル・システム（ＣＰＳ）工場の実現であった。最新の設備と機器だけを利用するなら、大変さは伴うものの、ＣＰＳ工場を立ち上げる道筋は見える。

しかし、現在ある半自動化された設備同士を接続して、ＣＰＳ工場を構築することは、非常に困難を伴うことが予想された。

特に、古い機器から情報を吸い上げ、機械を制御することの技術的な難しさは、エンジニアなら直感で分かっていた。

「向山さん、うちには二〇年間利用している古いＮＣ施盤があります。こんな古い機械をネットワーク上で走らせることはできるんですか？」

定岡は心配そうに尋ねた。

「何とかなると思いますよ。古い機械でもシリアルポートはあると思いますので、ここを**イーサキャット**[*2]によるネットワークに接続すれば上手くいきます。あっ、付け加えますと、イーサキャットは産業用のオープンネットワークです」

向山は問題ないと請け合った。

「もしかして、**PLC（プログラマブル・ロジック・コントローラー）**[*3]の制御はラダーでやるんですか？」

鮫島が質問した。

「全体制御の中でPLC自体をコントロールするには**ラダー言語**[*4]は利用しないつもりです。PLCから機械への制御には、従来通りラダー言語を利用するケースもあります。ラダー言語

＊1……テストベッド：新技術の実証試験に使用されるプラットフォーム。

＊2……イーサキャット：Ethernet for Control Automation Technologyの略。産業用オープンネットワーク。ドイツ企業が開発したイーサネットに基づくフィールドバス。効率的な通信方式によって高速通信と高精度同期が可能。第4次産業革命で注目され、トヨタ自動車なども採用している。

＊3……PLC（プログラマブル・ロジック・コントローラー）：リレー回路の代替装置として開発された制御装置。シーケンサーとも呼ばれる。

＊4……ラダー言語：リレー回路を記号化して、梯子のような図形で表したプログラム言語。PLCに使われる。

は優れた言語ですが、メンテナンス性に難があります。

われわれが追求する環境では、これまで以上にメンテナンスが重要になります。引き継ぎをした担当者にも理解できるC言語[*1]や他にグローバルに認められている四つの言語体系を適宜利用すると、最終的に生産性が高くなります。国際技能オリンピックでも採用されています。みなさんも勉強していただけると、生産性が上がるはずです」

向山が明快に答え、河島が説明を補足した。

「単純に制御だけを捉えたら、ラダー言語は非常に優れた言語です。一方、世間には製造ラインの制御プログラム全体を上位層から下位層まで区分けなくラダー言語でベタ書きしているケースがあります。こうなると、作った人しかメンテナンスできないシステムができあがってしまいます」

ここで「質問」と参加者から手が上がったが、河島は「それは後でまとめて受けます」と説明を続けた。

「動きが速くなっている世界の中で、このような運用を行うことは時間的損失・費用的損失のつけを将来に回すことになりかねません。これを見た海外のエンジニアが皮肉を込めて、システムを〝ファンタジック！〟、構築した人を〝ラダー職人〟と表現していました。

ラダー言語は利用しているPLCのベンダーによって方言もあるため、ますます厄介です。下位の階層では大いに利用すべき言語だと思いますので、そこは誤解しないで下さい。折角、良い最新の道具があるのに、古い道具に固執する必要はないと思います。グローバルではラダー以外に四つの言語が使われています」

ここで鮫島が割って入った。

「ウチにはラダー職人はいないから、大丈夫です。国際標準の新たな言語も若手の挑戦として頑張ろうぜ」

「ところで、トレーサビリティのところで全数チェックを行うとなると、必然的に外観検査装置のような検査機械を装備する必要が出てくると思います。一方、外観検査装置は結構値の張る機械なので、予算が気になってきます」

いつもクールな石井が課題点を挙げた。

「鋭い指摘ですね。今回は最新の環境を整えるのに、必ずしも最新の機械だけで構成できない悩みがあります。私も初めてのケースになるのですが、カメラとＡＩを活用すると、ある程度、外観検査装置の代替が可能になると見ています」

向山が答えた。

「面白そうですが、実装方法のイメージはありますか？」

＊1……C言語：汎用プログラミング言語の一つ。

石井が尋ねた。

「念のため、実証実験が必要と認識していますが、カメラの画像をグーグルクラウドを活用してＡＩ学習させる方法でトライしてみては思っています。これはキユーピーが食品製造の不良品排除で利用している手法です。不良品のパターンをＡＩに学習させる方法でロジックを組んだと聞いています」

「なるほど、それは試してみる価値はありますね」

興味深そうに石井は言った。

5

生産管理ＥＲＰ導入に関しては、製造管理部長の田中太郎と経理部門の担当にも打ち合わせに参加してもらい、検討を進めた。経理部ではＥＲＰ導入を提案しようとしていた矢先であったことから、話はスムースに進んだ。

問題は、製造管理部長の田中が担ってきたＱＣＤのノウハウや運用知識を形式知化してマスターに取り込み、ＩｏＴなどの最新技術を活用することを前提として、ＥＲＰで動かしていくことだった。

新設された製造管理を含むオペレーションズ・マネジメント部の部長に田中を据え、製造管理部で田中の右腕だった佐々木啓二を製造管理部長に昇進させた。

従来、どうやってQCDを管理してきたのか、そもそも田中が本来やりたかったのにできていなかった高精度のQCD管理、スケジュール調整はどのような業務なのかを、工場の実態に即して長時間かけて議論した。

よくよく議論すると、田中もERPの基本的なアイデアである標準原価計算方式での原価管理を行うことがやはり重要という考えに同意した。標準原価の算定を品質管理プロセスや工程特性などの製品別詳細特性を反映させて算定することができるのであれば、是非そうすべきだという考え方だった。

「なるほど、そういう考えなら、わたしもカイゼンに力を惜しまないよ」

重鎮の田中の言葉はやはり重い。一気に話は具体的な手順に及んだ。

品質管理プロセス設計でも、IoTや人工知能（AI）を活用できそうだというアイデアも出された。

素材加工プロセスについては、各工程だけでは品質管理は完結しない。つまり、数工程前の温度条件のちょっとした乱れと当該工程の振動条件の乱れ、さらに数工程後の応力条件のちょっとした乱れで不良品の発生確率が三〇%を超えるといった複雑な関係がある。従来はそうした条件を見出して事前に不良品発生の危険性を認知させることが仕組みとしてできていなかった。

この方式は従来、作業負荷が大きくて詳細な実際の業務履歴情報の収集ができていなかったことから、やろうと思ってもできなかった管理方式だった。生産管理ＥＲＰ導入によって詳細な実際原価を基にした原価差異分析を行い、そもそもあるべき加工工程の工順設計、品質管理プロセスの設計、段取り換え条件などを反映させた現実的なプロジェクト・スケジューリングなどが可能となる。

その結果、きめ細かなＱＣＤ管理が可能となる。

「業務を高度化していく科学的な改善プロセスが、日常の業務に自然にビルトインされる。これで私の長年の悲願がようやく可能となるよ」

田中は諸手を挙げて喜んだ。田中はＡＩの導入に非常に期待していたから、その現場の経験を踏まえた見解は、河島や向山にも極めて重要な示唆があった。

議論の結果、ＥＲＰとしてそのままクラウドでアジアでも活用できる**「マイクロソフト・ダイナミクス」**[*1]を採用することが決定した。

クラウドサービスのため、パッケージソフト導入と比べて廉価に導入できることと、既に活用している人材がアジア地域にも豊富にいるとみられ、製造管理業務での人材調達にはあまり苦労しないですむ可能性も出てきた。

COLUMN

九州の先端企業――三松、グルーヴノーツ、平田機工

実は第４次産業革命では、九州が日本の先進地域だ。中堅製造業で先頭を走っているユニークな会社が幾つかある。福岡の三松とグルーヴノーツ、熊本の平田機工が代表例だ。三松は板金加工の会社だが、自社での設計ノウハウ・加工ノウハウを応用して効率的なライン設計を可能とするソリューションを海外市場にも販売している。

具体的には、三次元ＣＡＤデータとシーケンサー、コントローラーをつなぐ製造ラインの動作シミュレーションのソフトウェアだ。

グルーヴノーツは、ユーザー・インターフェイスを組み合わせるだけで、ノンプログラミングで手軽に機械学習を利用することができるグーグルクラウドを活用したソリューションを提供している。

同社は二〇一五年、「グーグル・グローバル・パートナー・オブ・ザ・イヤー・アワード」にノミネートされた七社のうちの一社で、グーグルから特別なパートナーとして扱われている。毎年、グーグルの年次カンファレンスで紹介されるユニークな会社だ。

平田機工は東証一部上場企業で、世界でも有数の（製造）ラインビルダー。世界の名だたる製造業の自動化ラインを手掛けている。

この三社とも第４次産業革命銘柄として特筆される企業だ。ドイツと英国では、「日本の第４次産業革命の先進地域」として九州地区が注目されている。これは若干、誤解もあるかもしれないが、海外から注目される地域があること自体は喜ばしい。

九州経済産業局などが二〇一六年度から九州の代表的な企業を組織し、「ＩｏＴ・第４次産業革命に関する調査研究会」を開催している。産業用ロボットの安川電機や、レクサスを製造する世界最先端のトヨタ九州工場、平田機工、ＴＯＴＯ、三松、グルーヴノーツなどから構成され、検討を重ねてきた。

ジェトロのコーディネートで、ドイツから統合基幹業務システム（ＥＲＰ）サービスのＳＡＰや工作機械のトルンプ（ＴＲＵＭＰ）、ドイツ機械工業連盟（ＶＤＭＡ）、バーデン＝ヴュルテンベルク州政府が九州を訪れ、意見交換している。

既に就業した人材に第４次産業革命関連の再教育を施すリカレント教育に焦点を当て、九州の国立高等工業専門学校の先生が中心となって、シラバス（授業計画）を作成している。

経営者向けのリカレント教育も用意され、内容はＩｏＴだけでなく、ＥＲＰや製造実行システム（ＭＥＳ）、製品ライフサイクル・マネジメント（ＰＬＭ）、プロジェクト・スケジューラーの活用の必要性、経営にとっての意義など、第４次産業革命のための基礎的な部分の内容が含まれている。これらの内容は、海外では常識として教育されているが、なぜか日本ではこれまで提供されることが少なかった。

＊１……マイクロソフト・ダイナミクス：マイクロソフトが提供するクラウドＥＲＰとＣＲＭ（顧客管理システム）。

6

その頃、ケイテックの周辺でもう一つの悩ましい出来事が発生していた。ある日の午後早い時間に、突然、ミヤザキ熱処理工業の**宮崎次郎**社長が藤堂を訪ねてきた。ミヤザキ熱処理工業はケイテックの熱処理工程を担っているパートナー企業の一つだ。受付から連絡を受け、すぐに社長室に通すよう指示した。

電話を切りながら、藤堂はふとあることを思い出した。数年前のパートナー企業との懇親会の席で、宮崎社長から人手不足と後継者不在で悩んでいることを打ち明けられていたのだ。

白髪で恰幅《かっぷく》のいい作業服を着た宮崎が姿を見せた。

「いつもお世話になっております。どうぞお掛け下さい」

「突然、お伺いして申し訳ございません。どうしても急ぎ相談したいことがあります。電話では失礼に当たると思い、直接伺った次第です」

「もしかして、今後の御社のことですか？」

「え、どうしておわかりになったんですか？　顔に書いてありますかな。藤堂社長のおっしゃる通りです。実は、真剣に廃業を考えております。この件は、初めて人に話します」

「そんな急に。まだお若いし、廃業なされるタイミングではないと思いますよ。経営の方もまだまだ順調との認識ですが……」

「順調というわけでもないのですが、赤字は出さないで何とか経営して参りました。やはり、人手不足は頭の痛い問題で、残業やＯＢ連中を活用しながら、何とか納品を間に合わせてきました。私どもの会社サイズでは人を補充することが本当に厳しいのです。私は先日、狭心症の手術をしたばかりで、何よりも、すっかり健康に自信が持てなくなりました」

「術後の経過はいかがですか？」

「お陰様で調子はいいです。病院食のおかげで強制的に三キロのダイエットにも成功しました」

軽く微笑みながら話す。

「後進に早めに道を譲るという選択肢もあると思いますが。確か優秀な息子さんがいらっしゃると記憶しています」

「いや、倅《せがれ》はこの仕事は継がないでしょう。というより、私の方が倅に継がせたくない。息子も同じ技術系で、旧財閥系の重工会社に勤めております。そこを辞めてまで来いと、言うことはできません。

私自身、熱処理という仕事に誇りを持っておりますし、赤字を出しているわけではありませんが、営業・資金繰りなど頭の痛いことが満載です。日本の将来のものづくりの状況を考えると、息子に〝会社を継いでくれ〟とはとても勧められません」

宮崎はきっぱり言った。

「もちろん、明日にでもすぐに廃業するというわけではありません。ケイテックさんに迷惑を掛けるわけにも行きませんし、何よりも従業員の今後の働き口を見つけてあげないといけません」

「そこまでお考えですか。わかりました。もし良かったら、私どもにも知恵を出させてください。御社ほどのパートナーがすぐ見つかると思えません。わが社にとって死活問題です」

「ご迷惑をお掛けして、本当に申し訳ございません。どうぞよろしくお願いいたします」

宮崎は深々と頭を下げた。

藤堂は頭を整理するため、早めに帰宅することにした。


「いやあ、難しい」

「うーん。腹が決まらないなぁ」

などと独り言を言いながら、藤堂は夕飯を食べようとしていた。

「難しい顔をしているわね。そんな表情で食事をしても、味もわからないわよ」

幸恵はピシャリと言った。

「今日のロールキャベツは、一旦冷ましてから再度煮込んだから、結構味がしっかりしみこんでいるの」

「わかったよ。味わって食べるよ」

「何かあったの？」

「今日、ミヤザキ熱処理工業の宮崎社長に会ったんだが、体調がすぐれないから、タイミングを見て廃業したいと言ってきた」

「優秀な息子さんがいらっしゃったはずでは。息子さんには譲らないのかしら？」

「このご時世では苦労させるだけだから後を継がせるつもりはないらしい。息子さんは既に別な道に進んでいるようだ」

「宮崎さんも大変ね。でも、宮崎さんのお手伝いがないと、ウチも大変なんでしょ？」

「そうなんだよ。宮崎さんの会社の腕は確かだ」

「じゃあ、悩むことないわよ。うちの工程の一部ってことなのよ」

幸恵は言い切った。

「確かにその通り。熱処理工程がないと、うちのカムシャフトは出荷できない。なるほどね。会社ごと買い取ればいいのか。さすが、幸恵だ。腹が決まった」

「そうと決まったんだから、ちゃんとロールキャベツは味わって食べてね」

「わかった。わかった」

藤堂はロールキャベツの一口目を口に入れた。

翌朝、石塚専務と緊急に相談し、サプライチェーンの綻びの可能性について情報共有した。

「社長、ミヤザキ熱処理工業ほどの腕を持ちながら紳士的な取引をこなしてくれるパートナーは、残念ながらおいそれとは見つかりません」

「私もそう思う。ミヤザキ熱処理工業を買収することを検討している。石塚さんの意見を聞きたい」

「思い切ったやり方ですね。買収ですか？」

「そうです。昨日宮崎社長と話したあとで閃いたんです。考えたんですが、買収しか答えが出てこない。ただし、単に買収するだけではなく、われわれが検討している改革とシナジーを生ませたい。うちの監査法人に相談してミヤザキ熱処理工業の企業価値を見積もってもらえませんか？　買い叩くつもりも過大評価するつもりもなく、正当に評価したい」

藤堂は淡々と話した。

「**デューデリジェンス**[*1]の際には、取引銀行の担当者を交えてください。幸い、先方の取引先も同じ銀行なので、話が早いと思う。それと、銀行には宮崎社長が会社を廃業したがっていることは内密に。そのほうが揉めないと思いますので。あくまでも、うちがミヤザキ熱処理工業をほしがっているというように話を進めてほしい」

「社長、承知いたしました。では、隠密裏に話を進めます。概算の買収価格が判明し次第、お知らせします。今回の改革と買収で内部留保資金に手を付けたいと思います。専務の了解を取り付けたい」

「どのぐらい使われるつもりでしょうか？」

「おそらく半分ちょっとは利用しようと考えていますよ」

「どうせ、お止めしても使うつもりでしょうから、わざわざ相談しなくとも良かったでしょうに」

「すっかりお見通しですね」

「はい」

二人は互いの顔を見合わせて、思い切り笑った。

＊1……デューデリジェンス：M＆Aで対象となる企業の価値やリスクを算出すること。

7

翌日、藤堂は宮崎に連絡して面談を申し込んだ。一週間後にケイテック社長室で会うことになった。当日、いつもの作業服を珍しくスーツに着替えた六〇代後半の宮崎社長が緊張した表情で顔を見せた。

「ご足労いただき、ありがとうございます」

「弊社のことを気に掛けてもらい、ありがとうございます」

「当社のサプライチェーン上、貴社の工程は非常に重要で、他社に代えがたい存在です。どうです、私どもに宮崎さんの会社を引き取らせてもらえませんか？　従業員をリストラすることは一切考えていません。この会社をさらに発展させる仕掛けを用意していきたいと考えています」

「従業員を大切にすることは必須と考えております。それと、現在の環境下においては、熱処理業界を発展させることは結構難しいと私は見ています。ですので、どのように発展させる仕掛けにするか、とても興味があります」

　藤堂は第４次産業革命に対応するべく、ケイテック社内で改革を進めているコンセプトについて話した。特に、熱処理の工程はアナログ的な作業の塊で職人の匠の技術やノウハウが幅を利かせていた。この部分に、センサーとＩｏＴデータを活用することで、従来は職人が行っていた暗黙知のノウハウを形式知化させ、ＡＩを活用しつつ、機械がある程度自動的に熱処理できる仕組みを導入する。さらに、この仕組みを突き詰めておけば、海外展開も可能になると説明した。

「さすが藤堂さんですね。私は気づきもしませんでした。そのシナリオなら、発展が可能と思えます。質問してもいいですか？　機械にノウハウを提供したあと、職人はどうされるおつもりですか？」

「簡単です。より匠の技を鍛錬してもらいたい。そして、うちの研究開発や生産システムの連中と一緒に、熱処理装置の更なる自動化の仕組みを開発してほしい」

「そこまで考えて下さったとは……。会社はケイテックさんに委ねる方向で検討させてください」

「売却に関しては、東都銀行を挟みながら細かい条件などを整えていきたいと思います。ご異存はありませんか？」

「東都銀行は私どものメンバンクなので、話は早いと思います」

「一点だけ、宮崎社長にお願いがございます。売却の話をする際に、是非、従業員の方に、先ほど私が話した今後のミヤザキ熱処理について丁寧に説明していただけないでしょうか？」

「承知いたしました。それと……もし可能でしたら、先ほどのお話を藤堂社長からも説明してもらえますか？　将来ビジョンは新しい社長から語っていただいた方が絶対に心に響くと思います」

宮崎は訴えた。

「なるほど、おっしゃる通りです。お話しします」

藤堂は約束した。

8

一カ月半たったタイミングで、検討チームはコンセプトの内容と改革ロードマップについて、藤堂に報告した。報告には検討チームの主要メンバーと河島、向山が顔をそろえた。コンセプトとその推進方法については河島から報告した。

【ステップ1】目標の共有　「全社を一つの生命体のように機能させ、経営環境の変化に機敏に

適応でき、事業機会を逃さず、成長できる体質にすること」

経営にサイバー・フィジカル・システム（ＣＰＳ）のアイデアを活用するということは、結局のところ、どう理解したらよいのか。しかも、社員全員がわかるように説明できないといけない。ケイテックでは、全社員が腹落ちするところまで徹底的に議論を進めようという方針で、ＫＷエンジニアリング社を交えて議論を重ねた。その結果、たどり着いたのは比較的当たり前のことであったが、ケイテックにとっては大変価値のあるコンセプトだった。

それは「全社が、あたかもひとつの生命体のように経営環境の変化に機敏に適応できるようになること」。これには、一度大きな事業機会があればその機会を逃すことなく、成長できる俊敏性という考え方も含まれる。

ここで全社というのは製造管理だけでなく、全部門を巻き込んだものになる。考え方としては、会社の業務を次の四つの領域、三つの階層に便宜上区分し、これらをそれぞれ連携させることにより、ケイテックをあたかも一つの生命体のように機能させることだと解釈し説明することとした。

さらに、ＣＰＳのアイデアを活用し、業務を可能な限り属人的にせず、形式知化、組織知化し、ＩＴで支援させることにより事業のスケーラビリティを獲得できるようにすることが共通認識として理解されたのである。

四つの領域とは、
（一）マーケティング・技術開発（R&D）・製品開発
（二）全社のオペレーションズ・マネジメント、従来の製造管理・生産技術が担っていた業務の拡張
（三）製造実行とその実績のモニタリング記録。これには設備の情報（各種センサー情報など）が含まれる
（四）営業＋出荷後の製品活用履歴の把握
である。
三つの業務階層とは
（一）業務プロセス設計
（二）計画立案
（三）業務実行・ＰＤＣＡ
の三つの階層である。

そして、これら一二の業務を相互に連携させ、さらなる進化を進めていける体制を構築していこうという考え方に最終的には落ち着いた。この結果、製品開発部は、マーケティング・技術開発だけでなく製品設計、製造設計、**公差設計**[*1]、モジュール開発、共通部品化他の視点を含めて行うことが必要ということになった。

【ステップ2】業務の形式知化、組織知化、高度化を担うオペレーションズ・マネジメント部の新設

従来の生産技術部門を基礎に、製造管理部長の田中太郎が就任した新設のオペレーションズ・マネジメント部は、各業務の現場と常にコミュニケーションを採り、かつ常に全業務を横断して業務の組織知化と高度化を指導しつづけることがミッションとされた。これは河島の提案でもあったが、実は自然なことでもあった。

全社を挙げての議論の中で、特に田中から、これまでなかなか言いたくても言えなかった組織横断的改善テーマを積極的に俎上に載せて議論することが重要という指摘がなされ、皆の認識が一致した。

例えば、公差基準、共通部品化、複雑で細かすぎる品質管理プロセスの合理化などによる製造原価低減は、製造部門の課題だった。営業や製品開発部の協力がないとどうすることもでき

＊1……公差設計：公差とはある基準値に対するばらつきの許容範囲のことで、製造コストや性能・品質に大きく影響する。設計者の意図と製造上の要求をコストの点からバランスさせ、統計的に計算して公差を決めることを公差設計という。

ない外部環境条件が、実は生産性を一番阻害していると製造管理部門は考えていたからである。
これまでは製品開発部門にいくら相談しても「それは製造管理部門のテーマだし、こちらは開発で忙しいから」という理由でとりあってもらえなかったのである。

【ステップ3】業務の形式知化・組織知化と業務変革

ケイテックの場合、優先順位が高いと考えられたのが、次の一二の業務の実現であった。システム導入は目的ではなくあくまで手段という考え方から、従業員全体への業務変革の説明と研修を行うことになった。当然であるが業務変革は、これまでの業務の形式知化、新しい業務の形式知化、組織知化と平行して行うことが必須である。

（一）営業の場で高度なエンジニアリングをアピールできるようにする
（二）組織横断での緊密な連携による短リードタイムでの製品企画、開発、設計業務
（三）製品設計における素材・構造のエンジニアリング・デザイン
（四）製造プロセスのエンジニアリング設計とシミュレーション
（五）製造ラインの設計と製造設備の調達、状況に応じた個別仕様設備の開発
（六）製品構成の部品表の作成、個々の製品レベルでの工程の順序設計（いわゆる工順＝ルーティ

ング）設計

（七）個々の製品単位での各工程での作業タスク設計と作業時間の設計

（八）品質管理プロセスのトータル設計

（九）上記各業務が、淀みなく流れ、リアルタイムで進捗状況が把握され、極端なケースでは、オーダー単位でのリスケジューリングが実現できる全業務のプロジェクト・スケジューリング型の管理

（十）さらに、こうした業務の実際原価を常に把握、かつ原価算定の標準モデルを構築し、予算実績差異分析ができる標準原価計算

（十一）それに基づく原価企画、見積もり原価作成プロセスの確立

（十二）予想外の問題が発生した際の全社一丸となったエンジニアリングから製造プロセスまでの検討が可能な活動履歴の把握と３Ｄ－ＡＲでの可視化

【ステップ４】システムを稼動させるためのマスターの整備

サイバー・フィジカル・システム（ＣＰＳ）を実現するための最大の課題は、実際の業務内容をどれだけサイバー空間の業務システムに転写できるか、であった。それには業務システムを稼動させるための各種マスターの整備が重要であり、このマスターの精度を維持し、さらに業

務を高度化させ続けることが重要である。マスター整備には一定の期間が必要であるためすぐに着手することが必要である。

ＣＰＳというアイデアは、ケイテックでは誰も持ち合わせていなかったため、製造する「製品」がすべてであった。どのようなステップで、どう加工していくかということは、まさに現場に任されていた。

業務ノウハウの形式知化、組織知化の作業は、新設のオペレーションズ・マネジメント部が全社の調整を引き受けることになった。

BOM、BOPについて

部品表（ＢＯＭ）も開発段階での設計部品表（Ｅ－ＢＯＭ）と実際に生産段階での生産部品表（Ｍ－ＢＯＭ）の情報量が異なる。またＭ－ＢＯＭは調達環境の変化により、どんどん遷移していく。工程表（ＢＯＰ）も、当初設計された通りに現場が動いているわけではなく、臨機応変に対応しているのが現実だ。それがケイテックの競争優位の一つだった。サイバー・フィジカル・システム（ＣＰＳ）のアイデアはいいが、システムの柔軟性が乏しいと、重要な「機敏な対応力」が失われる。それは絶対に回避しなければならない。

ここで、河島が現実的な提案をした。

「少なくとも、マスターの精度に限界がある当面の期間は、ＢＯＰ通りの作業を行うことは絶対ということでなくて結構です。しかし、実際に何をどうやったのか、という履歴は後に分析できるようにしましょう。

ＩｏＴ（二次元バーコードやＲＦＩＤなど）で負荷をかけずに履歴はとれるようにしますのでご協力下さい。事後に、オペレーションズ・マネジメント（ＯＭ）部と一緒に分析し、ＢＯＰを精度の高いものにし続けましょう。ＢＯＰの精度がスケジューリングの精度に影響します」

加工レシピなどについて

実際に製造している現場の人間からすると、自分がやっていることを形式知化しようという動機は、これまでほとんどなかった。常に自らがカイゼンしているため、加工ノウハウそのものも決まったものではなく、動的なものであったからである。

さらに、管理するために自らがやっていることを形式知化しようとしても、形式知化の工数分、手間がかかり、管理指標である実際原価の増加につながってしまう。

そのため、自然に形式知化が行われることはそもそも期待できなかった。だが、このたび新設されたオペレーションズ・マネジメント部では効果が期待できる。しかも田中部長ほど現場を熟知した管理者はいなかったのでみな信頼していた。

【ステップ5】システムの段階的導入

サイバー・フィジカル・システム（CPS）といっても、CPSというシステムがあるわけではなく、個々のモジュールの仕組みを導入して、業務全体を統合性のあるものに進化させていくことである。

（一）IoT（可視化）の基盤整備

工場内の設備やセンサーデバイスなどを産業用イーサネットを介して可視化する。こうすることで、存在しなかった工程表（BOP）などのマスター作成や検証作業を効率化できるという副次効果も期待できる。仕掛品の流れと設備の稼動内容は、無理なく補足できることがまず重要である。

（二）製品ライフサイクル・マネジメント（PLM）

製品×製造を一元的に管理するためには、PLMの導入が効果的である。まず製品設計段階から製造プロセスを設計し、品質管理プロセスと原価構造を計算する機能としてPLMがある。ERPの各種マスターの初期情報を与える仕組みであるため、ケイテックでは全社的視点で、戦略的な導入を図ることとした。

（三）ERP、プロジェクト・スケジューラー、製造実行システム（MES）の導入

【ステップ6】協力企業の製造能力のオプション契約と実現の仕組みの整備

協力企業の金沢技研と鎌倉精機のマシニングセンターとを**アプリケーション・プログラミング・インターフェイス（ＡＰＩ）**[*1]で接続して本社工場が逼迫した際に、バッファーの製造能力として活用できるように契約する。当面は試作用商品を対象に活用し、ゆくゆくは取引先からの型式認定を取って量産部品の製造も行う。

【ステップ7】カムシャフトの直販ＥＣの実現

カムシャフトの直接の製造販売（海外を含む）の新事業のため、ＥＣサイトを構築する。機敏な受注と短リードタイムでの出荷を可能にするため、受注時に部品展開、ＢＯＰ展開、リスケジューリング、見積もり原価策定を自動返答でき、受注が確定したオーダーは迅速に生産計画

＊1……アプリケーション・プログラミング・インターフェイス（ＡＰＩ）：ソフトウェアの機能や管理するデータなどを互いにやりとりするのに使うインターフェイスの仕様。

に取り込み、製造を開始できるサービスとする。

【ステップ8】職人の暗黙知を科学の目で形式知化

精密切削部門で職人がつきっきりで作業を行っていたインコネルやチタンなど難削材の加工に関して、職人の暗黙知となっていた部分を科学の目で徐々に形式知化するプロジェクトを実施し、徐々に自動化でものづくりを行う領域を増やしていく。これによって海外展開がさらに容易になる。研究開発部門の悲願でもあった。


藤堂は、コンセプトのステップ計画を聞きながら、何度も何度も大きく頷いた。そして、おもむろに口を開いた。

「ここまでよく改革案を練ってくれた。みんな、本当にありがとう。河島さんにも向山さんにも指導を賜り、本当にありがとうございます」

「ということは、この提案は許可されたということですか？」

定岡が尋ねた。

「いや、一点だけ確認させてほしい。実は、モデルベース開発の導入はまだケイテックの身の丈を超えるかなと思っていて、私自身、導入をためらっていた。なぜ検討チームでは導入すべしという結論に達したのか、教えてほしい」

「私から説明します」

定岡が挙手をして椅子から立ち上がった。

「今後、量産部品の供給はこれまで以上に取引先と先行的に研究開発領域でコラボレーションしながら量産化を見据え、開発と一体化したスタイルで進めるケースが増えると予測しています。

実際、自動車業界でもちらほら先行的な事例が出始めています。言い換えると、近い将来、モデルベース開発を実施できるかどうかが一種の差別化要因につながる可能性があると断言できます。

もちろん、開発で稼ぐつもりはなく、量産部分でもうける構造には変わりありません。モデルベース開発は入場資格になっていくと思います。モデルベース開発ができないと、ただの便利屋的な扱いを受けるようになるかもしれません。幸い、当社は実験的にここにアプローチしています。比較的導入の障壁は少ないと考えています」

定岡の丁寧な説明に、藤堂は何度も頷いた。

「わかった。モデルベース開発の導入も含めて、提案通りのステップで進めてほしい。ただ、計画に加えてほしい要素がある。役員会で相談していたが、今度、ミヤザキ熱処理工業を買収して自社に取り込むことにした。つまり、これまで外へ出していた熱処理工程を自社工程内に取り込むことになる。この買収を単純な足し算にしたくない。もっとレバレッジを効かせたい」

藤堂は両手を大きく広げて熱弁を振るった。

「具体的には、われわれの改革を熱処理工程にも適用し、ミヤザキ側と協力してより付加価値の高い事業にしていきたい。そのため、ステップ3ぐらいのタイミングで、彼らの工場の各設備に各種センサーを取り付け、工程の〝可視化〟を実施してもらいたい。

これまでは匠の技という暗黙知だけで行ってきた熱処理工程に形式知による製造アプローチを持ち込み、職人が作業することなく自動的に製造を可能にする仕掛けを実現したい。明日からでも実行計画を進めてくれ。投資規模についても、具体的な数値を出してほしい」

ここで経理部長の山岡が立ち上がった。

「既に概算額については算出済みです。ステップ5まで進めると約三億円程度、ステップ6〜8でさらに数億円程度の外部流出となります。当社ではとうてい捻出できる金額ではありません。この計画はあるべき姿として、取捨選択して効果の高いステップに絞って実施すべきと考えます」

「いや、すべて進めてくれ。すべて実施しないと今後の環境変化に間に合わない。予算のことは気にしなくてもよい」

「当社にそんな余裕はないと思いましたが……」

「創業以来、手をつけなかった内部留保を活用する。金庫番の石塚専務からもＯＫを貰っている」

藤堂は経理部の抵抗を押し切った。

直ちに検討チームは詳細な実施計画を作成し、機材を準備しながら実装準備を行った。生産ラインを止めるわけにはいかないため、大掛かりな設備導入は年末年始のタイミングで行うことにして、それ以外の設備に関しては夜間を中心に小規模な導入やセッティング調整を続けた。

設備装置のレイアウト変更などで取引先からの製品の型式認定を取り直す必要が発生するため、数カ月前から二四時間操業に切り替えて作り置きを実施した。

翌年三月、ケイテックは待望のスマート工場による生産開始にこぎつけた。

COLUMN

製造業の反面教師としてのアパレル業界「衰退の構造」

第4次産業革命の観点からアパレル業界を見ると、他産業の参考になる。アパレル産業は設計とものづくりが完全に分離している。日本の縫製工場の技術レベルは概して高いが、諸外国と比較して相対的に高い人件費の関係から大量生産の案件ではなく、海外では受けてもらえない多品種少量生産の案件を受注している。日本のものづくり企業とは共通項がある。

かつて日本を席巻したQR（クイック・レスポンス）の仕組みをアパレル業界が構築できたのは、柔軟な生産体制を整えたこの国内の縫製工場によるところが大きかった。しかし、QRの実施により市場に大量の類似製品が溢れ、アパレル各社は製品・ブランドの差別化に苦しみ、さらに携帯電話の普及による通信費の増加に伴って被服費が削減されたこともあって、原価低減を強力に推し進める必要に迫られた。

実は、一方、日本の縫製工場は日本のアパレル産業において重要な機能を担っていた。日本のアパレルが持ち込むパターンデザインの一部には完成度が低いケースがあり、国内の縫製工場では顧客の納期に応じるため、生産現場がデザインパターンを補正し、生産するという職人技で対応してきた。

しかし、その対価は正当に支払われることはなく、その後、製造拠点の海外シフトの大波に飲み込まれ、倒産した企業も多かった。日本のアパレルが完成度が低いデザインパターンを海外に持って行った場合、調整弁となる職人が海外工場にはいないため、初期の頃は不良品の山をつくっていた。

一方、現在の世界のアパレル業界は第4次産業革命の観点からみると、製造業の先を行っている。被服の製品化は、デザイナーが服をデザインし、デザインパターンを起こし、生地や糸、ボタンなどを手配し、裁断の後、縫製するという流れで実施される。デザインから縫製の直前までは完全にデジタル化されたクラウド・プラットフォーム・サービスの活用が常識となっている。

縫製も徐々に自動化されはじめている。ニットなど製品によっては、すべてのバリューチェーンがデジタル化されていると言っていい。製造業は、アパレル産業の歴史を学ぶべきだ。

第5章 Chapter 5.

スマート工場・プラットフォーム企業への飛躍

1

紆余曲折の末、ケイテックでは新旧の機械をつないだスマート工場の構築も軌道に乗り、順調に生産を行っていた。藤堂の狙い通り、ケイテックは数多くのメリットを享受できるようになった。

生産を「可視化」したことで製品ごとに正しい原価を計測することができ、取引先との見積もり交渉の際に絶大な力を発揮した。何より、さまざまな工程で原価低減活動を行った結果が即日数値化されるのは驚きだった。

突発的に取引先から優先生産を依頼される、いわゆる「特急便オーダー」が発生した際にも効力を発揮した。

以前であれば、そのようなときはエクセルの前でうんうん唸りながら工場内の生産計画を練り直していたが、いまでは特急便のオーダーを入れ込むだけで瞬時に段取り替え時間を反映させた最適な生産計画に再修正された詳細生産スケジューリングまで自動的に立案してくれる。IoTがなければ、詳細スケジューリングまで立案することは不可能だった。

設備に各種センサーを導入して工場設備の運用状況を「可視化」したことで、多くのデータを収集できるようになった。データの山に埋もれてしまいがちになるが、藤堂らは「稼働率向上」「品質アップ」「予知保全」に絞って、過去の傾向や経験に基づいて仮説を設定し、データを拾いながら一つひとつ因果関係を解明していった。

怪しいデータ、もしくは製造時のトラブルなどが発生したときは、製造に精通した人材が直ちに関連する製造装置に配置され、データと感性をフルに活用し、チェックを行うことで、工場内の各種データの意味づけを行ってきた。新しく発見された設備の特性などは「ケイテック製造知識データベース」に蓄積され、誰でも参照できるようになった。

ケイテックの工場は、このような手法で血の通ったサイバー・フィジカル・システム（CPS）化に成功しつつあった。

例えば、切削時の振動を監視し、**フーリエ解析**[*1]の結果、特定の長期振動のウエイトの拡大を感知し始めたらそろそろ刃物の交換時期で、それ以上切削し続けると品質に影響し始める確率が上がること、複数工程において外気温・室温・モーターの温度や湿度を連携して分析することにより、複数工程で特定の温度帯幅を実現することで品質不良が四〇％削減できることなどが明らかになった。

特定の設備でチョコ停が段取り替え時に発生する傾向があることが明らかになり、さらに調べると、治具を固定するガイドの締め具合（トルク）が不適切であったことが原因であると判明し、トルクセンサー付きの工具を採用してポカヨケを行うといった具合だ。

ただ、会社全体としてはデータを分析する人材が不足しており、今後の課題としては人材を強化する必要があった。

うれしい誤算もあった。カムシャフトの個別オーダー作成のビジネスが大化けしたのだ。一品モノの製作がカーショップのエンジン整備担当やマニアのあいだで口コミで評判を呼び、それこそ世界中からオーダーが入るようになった。

その結果、この製造ラインはメンテナンス時以外は二四時間稼働しているという、ケイテックでもっとも稼働率の高いラインとなった。それでも受注したオーダーを捌くことができなくなってきたため、もう一ラインの追加投資を行った。

カムシャフトの製造に加え、フィーリングと燃費を向上させる摩擦低減のコーティングもオプションの付加サービスとして提供を開始した。このサービスの利用者はマニアの比率が高く、純正品よりも性能が上がるということで、高価格ながら全利用者の四割がこの付加サービスを利用するほどになった。

さらに、ユーザーからの強い要望で画期的なサービスを追加した。これまでは廃番のカムシャフトのみを対象として、オーダーを受け付けていた。正確にはケイテックが既に所有している図面が用意されている型番のみ受注していた。

新サービスは、ユーザーサイドが描いたＣＡＤ図面をネットワーク経由で仮受付し、ケイテックが責任を持って請け負えるかどうかチェックを受けたものを対象に、正式受注・生産するというものであった。

当初は切削可能か否かを判断する図面チェックは担当者が設計上の矛盾の有無、母材サイズ、強度などの項目を人力で確認していたが、モデルベース開発（ＭＢＤ）の機能を取り入れて、設計ルールを自動チェックする方式に変えていった。最終的には、それをウェブサイトでユーザー側の注文画面で確認できる仕様まで落とし込んだ。

＊１……フーリエ解析：信号処理における基本的な解析手法。

加えて、生産方式についても大きな進展があった。

最初はカムシャフトの母材サイズの範囲で、かつ切削方式で請け負えるものだけを受け付けていたが、その後、組み立て方式でのカムシャフト製造も受け付ける方法を追加した。

藤堂は、より複雑な組み立て工程に対応することも念頭に、現状以上に工場のＣＰＳ化を高度にすることを模索していた。

複数の部品の加工と組み立てが求められる別方式での自動化によるカムシャフト製造はテストベッドとしてうってつけであった。組み立て方式になると、発注側のシステムであるＥＲＰと製造側のシステムである製造実行システム（ＭＥＳ）に複雑な部品表（ＢＯＭ）と工程表（ＢＯＰ）が必要になってくる。

それぞれに高度化された設計部品表（Ｅ－ＢＯＭ）と生産部品表（Ｍ－ＢＯＭ）などを整備することで、組み立て工程のサイバー・フィジカル・システム（ＣＰＳ）化までカバーできるようになった。

このような形でケイテックはＣＰＳの高度化を一つひとつものにしていった。

COLUMN

「ハノーバーメッセ２０１８」で注目された駿河精機

藤堂敬介がトーカイの黒岩を驚かせた「パートナー企業での遠隔量産部品の仕掛け」には、実はモデルがある。「ハノーバーメッセ２０１８」で日本の駿河精機が発表したものだ。

この発表はドイツ勢を非常に驚かせ、ハイレベルの第４次産業革命の仕組みを既に実装していることが賞賛された。

駿河精機は、工場向け生産設備の部品商社であるミスミグループの製造子会社。この会社は、製造装置に利用するステージやアクチュエーターなどの部品を提供している。標準品に加え、カスタマイズでの生産が得意だ。

駿河精機は製品の製造にあたり、顧客から要望のあった設計をウェブで受付し、その設計内容をチェックして問題がなければ、見積もりを提出する。顧客側がそのまま発注を掛けると、製造実行システム（ＭＥＳ）のスケジューラーに組み入れられる。ネットワーク経由で国内外に設置された工作機械に情報が展開され、製品を自動的に製造する仕組みを構築した。

見積もり・発注～製造・出荷までのエンド・トゥ・エンドでのフル自動化されたデジタライゼーションを実現すると同時に、国内外に設置された工作機械はメーカーや機種が異なる環境であるにもかかわらず、工作機械のメーカーやプログラム言語、機能・性能などの違いを吸収する管理シェルという機能を開発したことで、異なるメーカーの工作機械でも、切り換えには時間を要しない非常に柔軟な製造体制を実現した。

ここまで第４次産業革命のツールを整えた企業は世界的にも希有なため、「日本の中小企業は凄い」という称賛を得たのである。

2

ミヤザキ熱処理工業から買収した熱処理工程についても、予想以上の進展があった。ケイテックの定岡と鮫島らが、旧ミヤザキ熱処理工業側の従業員のもとに足繁く通い、ケイテックのあるべき方向、旧ミヤザキ側で模索してもらいたいことを何度も何度も車座で議論してくれたことと、旧ミヤザキ側の職人の親玉である玉木昭が藤堂が唱えたコンセプトに強く共鳴し、意思疎通と信頼を醸成できたことで、定岡と鮫島らと緊密な協力体制が確立した。

熱処理工程はもともと、職人技・アナログ技術の塊と言っていい作業であり、これまでは暗黙知の塊だった。ここにセンサー（温度、スペクトル、振動他）を持ち込んで、ケイテック内でもやっていた工場の「可視化」・工程の「可視化」に取り組み、可能な限り形式知に置き換える作業を行った。

玉木らを中心に熱処理機器の癖や焼き入れ・焼き鈍《なま》しをする対象物の形状・大きさ、湿度、気温などのパラメーターを数値化して捉え、工程として再現性を持たせることで、職人がつきっきりで機械の側に待機している時間を最小にすることができ、職人以外の工員だけである程度製造できる目処がついた。

それを機に、旧ミヤザキをケイテック熱処理本部として組織化した。藤堂は熱処理研究部と熱処理数値制御部を作った。熱処理研究部は熱処理工程の暗黙知を形式知化させる目的で組織され、紺色制服である職人部隊で構成されていた。

一方、熱処理数値制御部は、熱処理研究部の成果を生産システムに形式知化、組織知化して実装する目的で組織化され、水色制服というエンジニア部隊で構成された。熱処理研究部のトップは玉木、熱処理数値制御部のトップにはケイテックで定岡の片腕だった福島浩志を抜擢した。


突然、ケイテックにミュンヘンのボルツ社本社から電話が入った。一年前にケイテックが受けて不合格となった調達前資格審査に再度トライしてほしいという打診だった。

電話はハルトマンがじきじきに掛けてきた。すっかりボルツ社とのやり取りに慣れた花田が通訳として藤堂とハルトマンをつなぎ、審査の日程が決まった。

二週間後、資格審査のためにボルツ社からハルトマン一行がやってきた。シンガポールから合流したリーの姿もあった。

「ケイテックにようこそ。また、お目にかかれて光栄です。ハルトマンさん、リーさん」

藤堂は二人に手を差し出しながら言った。

「ご無沙汰しております。また、お目にかかれてとてもうれしいです」

ハルトマンも握手しながら言った。

「前回は残念でした。今回は期待しています」

イエローのジャケットにスカート姿のリーがにこやかに言った。

藤堂には自信があったが、一抹の不安もあった。

「準備は完了しています。いつでも検査オーケーです」

「それでは、早速、技術の審査からスタートします」

藤堂は、技術・設備は定岡、石井ら、供給力は田中、佐々木、財務力は石塚、山岡ら前回の審査で苦い経験を積んだ面々を待機させ、まず製造現場にハルトマンら一行を案内した。

ハルトマンは、現場を見るなり叫んだ。

「おお、相当な変わり様ですね。第一印象では設備のネットワーク化がだいぶ進んだようですね」

「素晴らしい観察眼ですね。実は、前回の御社のご訪問以降、第4次産業革命に対応するために、工場をサイバー・フィジカル・システム（CPS）化しました。統合基幹業務システム（ERP）も導入して、製造実行システム（MES）と連動できる仕組みを整えました」

藤堂は少し胸を張って答えた。

ここでハルトマンが思い出したように言った。

「そういえば、私のクラシックカー好きの友人が、ケイテックさんのサービスをベタ褒めしていましたよ」

ハルトマンの友人は、ケイテックがクラシックカー向けの廃番カムシャフトの一品オーダーの受付サービス開始を手放しで喜んでいた。

「友人は八〇年代の日本車のファンで、大事にその車を乗り続けていました。信頼性の高い日本車ですが、寄る年波には勝てず、とうとうカムシャフトを交換しないといけない状態になったそうです。ところが、純正部品は遙か昔に廃番となっており、途方に暮れていたところ、このサービスに出合ってすぐにオーダーしたようです」

「ハルトマンさんのご友人のような車を愛する人々に支えられて、このサービスは成り立っております。このサービスには世界中から引き合いがあり、お陰様でこのラインは二四時間フル操業状態です。自動車部品屋冥利に尽きます」

藤堂は誇りをもって言った。

この後、淡々と審査は進んだ。

ボルツ側が驚いたのは、カムシャフトのマスカスタマイゼーションを実現した生産システムであった。

藤堂は、廃番のカムシャフトの生産を受け付けるだけでなく、ユーザーのＣＡＤ図面からも自動生産できるシステムであることを説明した。ボルツ社でもまだ導入していないシステムだったため、ボルツ社の一行は三〇分以上も製造装置を眺めていた。

以前、ケイテック側を苦しめた見積もりと生産計画の課題も前回と同様に飛んできた。

「承知いたしました」

涼しい顔で藤堂は応じた。

「何かシステム的に新しい取り組みをされましたか？」

リーが目を大きく見開いて尋ねた。

「弊社では製品ライフサイクル・マネジメント（ＰＬＭ）、ＥＲＰやプロジェクト・スケジューラーを導入した結果、見積もり時にスピーディな納期回答と見積もり対応ができ、生産計画も瞬時に立案できるようになりました。以前ほどお待たせせずに、納期回答できると思います」

藤堂は顔色を変えず、淡々と説明した。

「では、回答をお待ちしております」

リーは明るい声で言った。

翌日、ケイテック側はボルツ社の課題を難なくこなし、その日のうちに回答した。

ボルツ社から待望の合格通知が届いたのはその翌日。次の週には、取引に関する相談のためケイテックを訪問すると連絡があった。

3

ボルツ社から合格通知を受けた翌日、藤堂はトーカイに出向いていた。特急便などの突発性の発注に対応するべく、ケイテックのパートナー企業にある設備に対しても型式認定してもらうことで、バーチャルで生産能力を底上げすることが狙いだった。

「いつもお世話になっております。黒岩課長」

「ご足労いただきましてありがとうございます。例のご相談の件ですね？」

黒岩が尋ねた。

「電話では簡単な概念をお伝えしただけですが、実際にお目に掛かって説明したいと考え、伺いました。早速、ご説明します」

資料を示しながら、藤堂は説明を始めた。
●第４次産業革命に対応すべく、弊社工場の製造設備をネットワーク化し、製造にかかわる上流工程から下流工程まで、サイバー・フィジカル・システム（ＣＰＳ）、デジタル化を推進した。

●これにより、品質を向上させながら製造装置の生産能力を最大限に活用し、製品製造が可能になる。
●一方、特急便などへの対応で一時的に生産能力が不足することが全くなくなるわけではない。
●その対応のため、ケイテックと同じ仕様を満たした設備をパートナー企業にも設置し、パートナー企業でもケイテックと同じ品質で製品製造を可能にした。

「今後は、量産品に関してもケイテックと同様にパートナー企業のこの設備においても製造を行わせてもらいたいと考えています。つきましては、パートナー企業の当該設備において、型式認定していただきたく、お願いに参った次第です」

藤堂は黒岩の目を真っ直ぐ見つめ、不退転の意志を込めた。

「個人的には、とても素晴らしい取り組みをされていると思います。弊社でも同様の取り組みをやっていますが、ケイテックさんほど全面的な取り組みまではできていません。大変恐縮ですが、にわかには信じられないところもあり、われわれが正しく判断できない可能性もあります。

どうでしょうか、今度、御社の工場を訪問させてもらえませんか。その上で、私からこの相談の稟議をあげさせてください」

いつもながら真摯に黒岩は答えた。

「黒岩課長、ご理解いただき、本当にありがとうございます。では、ご都合の良い日時をお知らせください。工場をご案内いたします」

「早速で恐縮ですが、今週の金曜日午後はいかがでしょうか？」

「ちょうど良いタイミングです。私もスケジュールが空いております。では、この時間でお待ちしています」

「楽しみです。私も勉強します」

金曜日になり、黒岩は予定通りケイテックの工場を訪問した。

「黒岩さん、お待ちしておりました。最初に会議室で概要を説明した後、工場の方にご案内します」

「本日はよろしくお願いします」

黒岩は深々とお辞儀をした。

会議室に案内し、内容に関して説明した。この生産システムでは、3Dの設計図からの発注情報が製品ライフサイクル・マネジメント（PLM）で部品表（BOM）と工程表（BOP）に展開され、生産スケジューラーに自動的に反映される。

同時に、各工程でのNCマシンのプログラムがAIで自動化されて作成され、製造実行システム（ＭＥＳ）経由で設備に直接プログラムが送られ、加工が始まるという仕組みであった。ほとんどの工程が自動化されていた。

「百聞は一見にしかずということで、実物をご覧ください」

定岡が説明した。

最初にカムシャフト量産エリアを案内した。工場の様子を見るなり、黒岩は目を輝かせて、一つひとつの生産設備を眺めていった。

「藤堂さん、凄いですね。当社もこのようなコンセプトで生産システムを構築したいですね。当社の場合はオープン戦略とは真逆で、自社でガチガチの作り込みをしており、自由度や拡張性が乏しいのがボトルネックになっています」

特に黒岩が関心を示したのはボルツ社が関心を持ったカムシャフトのマスカスタマイゼーションを実現した生産システムであった。

藤堂は、廃番のカムシャフトの生産を受け付けるだけでなく、ユーザーのＣＡＤ図面からも生産できるシステムであることを説明した。さすがにすべてのＣＡＤ図面を受け付ける訳ではなく、正しく設計され、かつ母材のサイズ制限を満たす場合のみ、注文を受け付ける仕組みであることを付け加えた。

「これは凄いシステムだ。ユーザーからのＣＡＤ図面を受け付けるサービスには人は介在しているのですか？」

「当初は心配だったため、人間がチェックするフローで受け付けていたのですが、チェック作業自体もルールベースでシステム的に可能にしたので、すべて自動化させる目処が付きました。現状は受付から受注判断・生産まですべて自動です」

「そこまで自動化できるものなのですね。考えてみると、ケイテックさんから相談を受けていた、『パートナー企業での遠隔量産部品の仕掛け』はこれが源流だったのですね」

「その通りです。『パートナー企業での遠隔量産部品の仕掛け』は、我々の目線から見ると、最先端の仕組みというより比較的プリミティブな仕組みであると認識しています。決して背伸びして導入した技術ではありません。

また、生産システムに配置した各種センサーを利用して、品質の維持・向上や稼働率の向上に役立つデータ監視を行っておりますので、ベテランの感性だけでなく、数値データを活用した科学的な生産の仕組みを導入できています。特に、気温や各種の温度によって、工作機械は加工精度が大きく変わってきます。

言い換えると、外気温やモーターや切削液の温度、刃物や治具の管理などをきちんと監視できていれば、大きく品質が悪化することはないと言えます。パートナー企業の機械に対しても遠隔監視しておりますので、ある意味、社内で生産する状況と変わりはない状況です」

「いろいろご説明いただき、感謝します。状況は十分に理解できましたので、早速、社内の稟議に掛けたいと思います。個人的にも非常に勉強になりました。改めまして、ありがとうございました。また、連絡します」

黒岩は藤堂に礼を言うと、トーカイの本社に戻っていった。

第6章 Chapter 6.

モデルベース開発

1

翌週、トーカイの黒岩から型式認定のテストを行うとの連絡が届いた。

三日後、一週間の期間中、抜き打ちでテストすることが条件となった。営業期間中に五回ほどテストが行われた。すべての回とも納品数量・品質に問題はなく、上位の成績で合格した。かくして、ケイテックはパートナー企業を活用した生産能力の向上を正式に実現した。

後日、トーカイ本社で生産時の詳細を定めるための打ち合わせをすることになった。翌週にはボルツ社のハルトマンが依頼する取引内容を詰めるため、ケイテックにやってきた。

ハルトマンを案内した会議室の窓から、工場の塀沿いに植えてある桜の並木が眼下に広がる。そして、桜は見事なまでに満開だった。

「藤堂さん、また来ました。窓から見える桜がとても綺麗ですね。良いビジネスができそうな気がします」

ハルトマンが大きく両手を広げて、うれしそうに話しかけた。

「こちらこそ、よろしくお願いします。今が日本で一番よい季節かもしれません」

藤堂が笑いながら言った。

「早速、本題に入ります。以前お話をした低燃費エンジン向けＤＬＣ加工コーティング・カムシャフトの製造を依頼します。最初は月産三万台分、一年後からは月産五万台分の生産を発注したい」

「ありがとうございます。お引き受けします。最初の一年目までは、今の設備で四万台超の生産余力はありますので、対応可能です。問題は二年目からです。思い切ってもう一ラインを増設する計画を検討しようと思います」

「どうですか、思い切って海外生産を考えてみませんか？」

「まだ、海外進出は身の丈を超えています。もう少し実力をつけてからでも遅くないと考えています」

「ケイテックなら、まったく問題ないと思いますよ。現に御社より規模が小さくても、数カ国で生産している企業もありますから」

「現状の体制では、国内だけでもアップアップです。海外工場を持つと、品質が安定化するまで相当な努力が必要ですし、貴重な人材を海外工場の維持にだけに専念させることになります。その余裕はうちにはありません。

　よく東証一部企業のレベルでも、海外工場を持つと相当苦労している、と耳にします。一年かけて海外工場の立ち上げに目処をつけて帰国したら、三カ月後に品質トラブルで呼び戻された、三カ月間帰国できず、それを繰り返しているうちに海外工場での新ライン立ち上げが始まる、といった嘆き節です」

　藤堂は全面的に否定した。

「わかりました。機が熟したら、是非、お願いします」

　ハルトマンが少し残念そうに答えた。

2

定岡と石井、小林は、パートナー企業を活用した設備増強について詳細を詰めるため、トーカイに来ていた。

打ち合わせは順調に進み、認定を受けたパートナーの設備で製造した製品はケイテック本社工場で製造した製品と同等の扱いになることが正式に決定した。これにより、かなり柔軟な製造体制構築が可能になった。

「もう一点相談したいことがあります。技術部の梅木を呼んできますので、少々お待ち下さい」

トーカイの黒岩が申し訳なさそうに話した。

「構わないですよ」

定岡は答えた。梅木明はトーカイの技術部長で、ケイテックの製造の仕組みが凄いという黒岩からの情報を聞きつけ、先日、ケイテックの見学にやってきていた。特に関心を持ったのは熱処理工程を「可視化」して、素人が製造に携わっても高品質の製品製造を可能にした製造ラインと、ＤＬＣ加工コーティングだった。

「お待たせしました。先日は、良いものを見せていただき、大変勉強になりました」

梅木が会議室に入ってこう挨拶し、それから本題に入った。

「こちらが、いま開発中のカムシャフトです。以前、ケイテックさんにもカムシャフト開発時に参加してもらいましたが、これはシンダス社製です」

「……」

モデルベース開発の仕組み

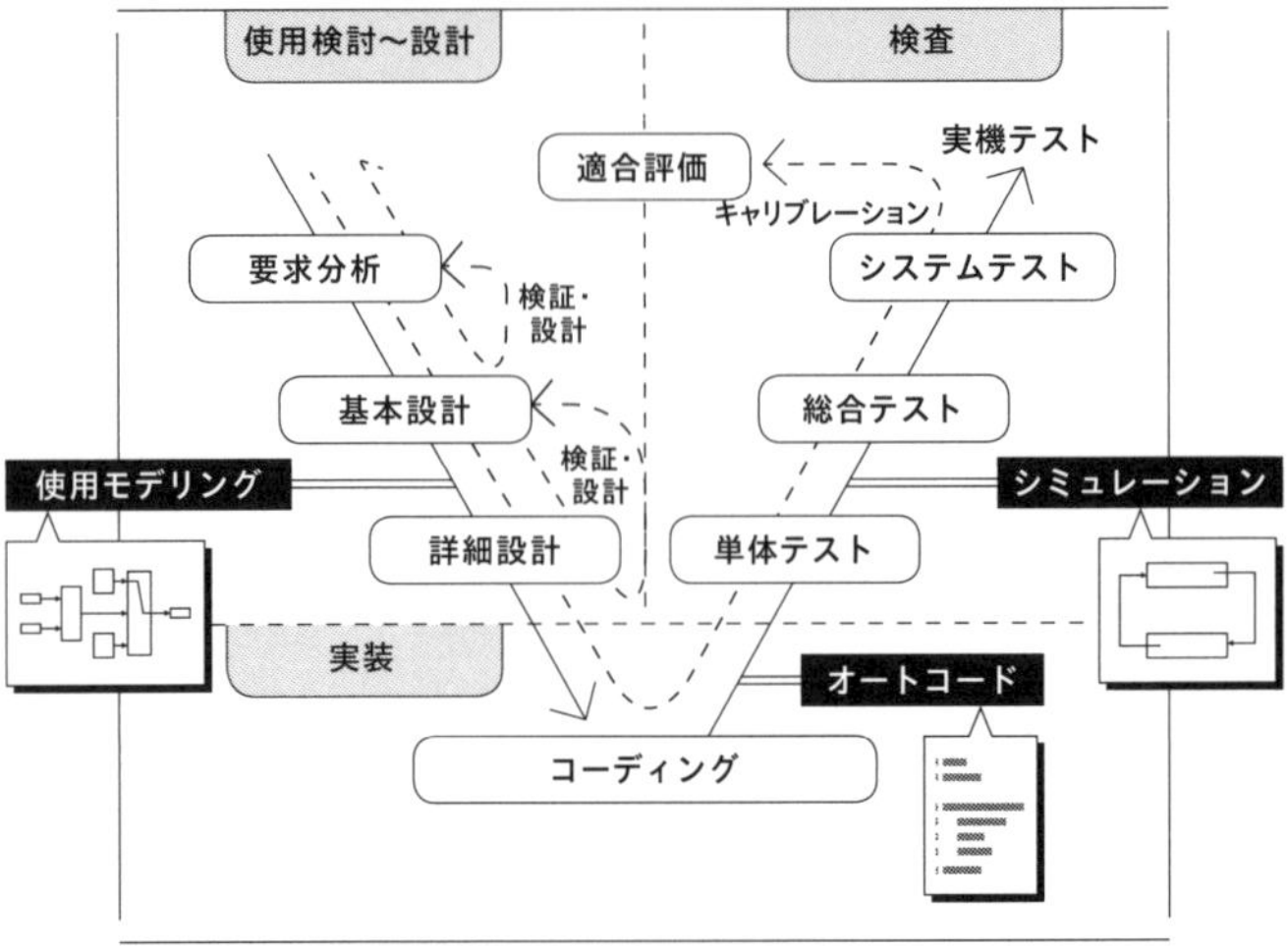

　定岡は複雑な表情で梅木が手にしたカムシャフトを見つめていた。

　その定岡の表情を見た小林は、定岡がこのカムシャフトの開発でかなり苦労していたことを思いだし、その心中を推測した。この空気感を何とかしたいと思い、小林は思わず、

「触ってもいいですか？」

　と尋ねた。

「本来はお見せすることすら厳禁ですが、事情が事情なので恥を忍んでアドバイスをいただきたいと相談にきた次第です」

　梅木が申し訳なさそうに答えた。

「われわれにどんなご相談でしょうか？」

訝しげに定岡が尋ねた。

「このカムシャフトは、開発中の新型エンジンに組み込まれる予定ですが、特定の回転数で異常振動が起きることが判明しました。振動の原因がわからず、いろいろ分析してみると、組み込まれたカムシャフトが悪さをしていることまでは突き止めました。非常に軽量で良いカムシャフトなのですが……」

「確かに、軽くて剛性もありそうですね」

「異常振動が起きるのは、どの回転数ですか？」

「六五〇〇回転／分です」

「カムシャフト以外に原因は想定できないのですか？」

「シリンダーヘッドも確認しました。しかし、カムシャフトが原因となっている可能性が高いという結論が出ています。この回転数でしばらく廻し続けると、カムシャフト自体に歪みが発生するほど変形することを確認しています」

「そのとき、シリンダーヘッドはどうなっていますか？」

「当然ながら、軸受け部分が変形しています。我々も軸受け部分が悪さをしているかと思い、最初に疑ったのですが、ここは問題なしと結論付けました」

「なるほど、状況は把握できました」

「少しいいでしょうか？」

口数の少ない石井が口を開いた。

「データを見てみないとわからないのですが、発生した状況を考えると、固有振動数の影響のような気がします。仮説レベルですが」

「固有振動数か。確かにあり得ますね」

梅木が呟いた。

「梅木さん、こいつの3Dデータをお借りすることができますか？　うちのシミュレーターに掛ければ一発でわかります」

「えっ、ケイテックさん、そこまで対応しているのですか？」

「はい、実は定岡と私が実験的に行っていたモデルベース開発（MBD）に関して、社長の承認が下りたので、本格的に展開しているところです。そのライブラリーに当社が開発したシミュレーターがあり、それを走らせたいのです」

少し目を瞑って考えていた梅木はこう切り出した。

「では、お言葉に甘えさせて下さい。ただし、守秘義務の問題がありますので、このようにさせてもらえせんか。データは私が御社に持ち込みます。シミュレーターに掛けた後、すぐ削除していただく条件ではどうでしょうか？　こちらから相談しておきながら、無礼な対応で恐縮ですが」

「構わないですよ。良い落としどころではないでしょうか」

笑いながら、石井は応じた。

「梅木さんさえ良ければ、この後すぐ弊社にお越し願えますか？」

「わかりました、善は急げ。データをダウンロードしてきますので、少々お待ち下さい。ウチの車で移動しましょう」

ケイテックに到着し、石井は梅木からＵＳＢメモリーを受け取り、サーバーへデータを取り込んでシミュレーターを走らせた。

やはりカムシャフトの固有振動数が六五〇〇回転／分時に発生する振動と一致した。この振動の共鳴がシャフトの一番剛性の低いところに歪みをもたらし、軸を破損させることがわかった。

梅木はケイテックがここまで設計能力を高めているとは想像しておらず、その能力の高さに舌を巻いた。

「シャフトかカムの中空部分の肉厚を増やせば固有振動数も変わりますので、エンジンの常用回転数の範囲で共鳴を防ぐ振動数設計にすれば、一件落着ですね」

石井は淡々と話した。

「ありがとうございます。あっさり解決できたのは御社のおかげです」

「解決できて良かったです」

「折角の機会ですので、少々宣伝をさせてください。私どもも初期段階からモデルベース開発での開発に参加できますので、今後ともよろしくお願いします」

石井はお辞儀をしながら言った。

帰路、車を運転しながら、梅木は黒岩に話しかけた。

「ケイテックは何やら何歩か先を見た技術投資を行っている気がする。わが社もうかうかしてられないな」

「そうなんですよ。実に先端的で面白いことをやっています」

「ケイテックとの取引をもう少し増やすことができるかな？　実はタイの工場で困っていることがある。今度相談したい」

「タイ工場の具体的に何ですか？」

「タイ工場にも部品の熱処理工程があるが、品質が安定せず、常時、本社工場の技術者を派遣している。これは望ましい状況ではない。ケイテックでは熱処理工程の〝可視化〟を実現して、彼らのラインでは量産品に関してはベテラン以外の作業員だけで高い品質の製造が可能になっている。このノウハウを活用させてもらい、うちのタイ工場の競争力を強化したいんだ」

「なるほど。新規に依頼したい技術を持っているのであれば、取引を増やすことは可能です」

「安心した。タイ工場の件は早々に相談したいので、ケイテックとの繋ぎをよろしく」

「勿論です」

3

二日後、ケイテックはトーカイの黒岩の訪問を受けた。社長室に案内された黒岩はソファーに腰かけると同時に、トーカイのトラブル解決にケイテックが協力してくれたことへの礼を述べた。そして本題に入った。

「藤堂社長、お願いしたいことがあります。一つは、あるカムシャフトの年間三〇万台分の生産を御社にお願いしたい。実は、このシャフトは御社には因縁があるものです。形の上ではシンダス社の下請けになってしまいますが、いかがですか？」

藤堂はいきなりの大型商談に少し身構えた。

「ありがたいお話です。まとまった数量の依頼はありがたい限りです」

藤堂はソファーから立ち上がって引出しから電卓を取り出し、なにやら数字を打ちこんで確認した。そして藤堂は返事をしたのだが、やや声が上ずっていた。

「喜んで引き受けさせていただきます。先日も弊社の生産能力を高める仕組みを認めていただきましたが、安定的な供給は任せてください」

「安心いたしました。半分お断りされる覚悟でおりました」

「そんなことはないですよ。御社も立場は同じだと思いますが、生産機械を一定の割合で稼働させることは大命題ですし、弊社も生産能力をアップさせたタイミングですので」

「実はもう一つ、検討してもらいたい事項があります。熱処理工程で品質が安定せず、困っている弊社工場があります。御社に熱処理工程ごとお任せしたいのです。工場はタイにあります」

「海外ですか？　うちは社の方針として海外には進出していません」

「この件は難しいので、即答するのが厳しいことは承知しております。後日、改めてお伺いします。カムシャフトの詳細は、小林さんと詰めていきます」

「ご配慮ありがとうございます」

黒岩を見送った後、藤堂は会議室から桜の青々とした葉を眺めていた。

「おっと時間だ、出掛けよう」

商工会議所の月例会に参加するため、車に乗り込んだ。


早々に月例会の会議は終了した。藤堂は元町商店街にある喜久家洋菓子舗に立ち寄り、モンブラン好きな幸恵の顔を思い浮かべながら、ケーキをいくつか購入した。

「ただいま」

「お帰りなさい」

「喜久家のケーキを買ってきたぞ」

「あら、素敵。ありがとう。食後にいただこうかしら。ケーキ屋さんって、新しく支店ができると途端に美味しくなくなっちゃうわよね」

「確かに、そんな話はよく聞くね」

「どうしてなのかしら？」

「支店を切り盛りしているパティシエの腕が、本店のそれをきちんと引き継いでいないためだろうね。職人の腕次第ってことだ」

「ケイテックの職人さんでも腕のバラツキはあるの？」

「厳密にいうと、あるだろうね。でも、うちは技術資格制度で明確な基準を設けている。それに技術伝承にも力を入れているから、ケーキ屋の支店みたいなことは起きないようにしているよ」

　ここまで話をして、藤堂は閃いた。

「待てよ。徹底的に職人の技を可視化できていれば、同じ製造装置・同じ条件・同じ手順で製造すれば、同じ製品が容易にできる」

　すぐにスマホを手にした、

「健一か？　申し訳ない。これからそちらに向かってもいいか？」

「おお、敬介か。別に構わないよ」

「すぐに出るから、三〇分後には到着する」

電話を切って、

「幸恵、すまん。急用が発生した。これから河島の会社に行ってくる」

「急ですね。わかりました。行ってらっしゃい」

半分あきれ顔で、幸恵は藤堂を送り出した。

4

藤堂は車に飛び乗り、桜木町駅に向かった。駅から一ブロック離れた新しいオフィスビルの地下駐車場に車を止め、エレベーターで一四階に向かった。そして、KWエンジニアリングのドアを叩いた。

「早かったね」

河島は言った。

「忙しいところ申し訳ない。相談に乗ってくれ」

「ちょうど仕事が片付いたところさ。構わないよ」

「クライアントから、海外への進出を打診されている。先方の工場の熱処理工程がうまくいかない、と相談された。名誉なことだけど、うちは海外に進出した経験がなく、海外向けに専任スタッフを割ける余裕もない。

ただ、熱処理工程は製造工程の可視化を完了させている。当社の中で最も科学的な製造が可能な分野だ。だから、海外進出のオファーをすぐ断るのはどうかなと……。この話につきあってくれないか？」

「へえ、そうなんだ。構わないよ。熱処理工程って、以前にパートナー企業が廃業したというので買収した工程のことかい？」

「その通り。以前は熟練工がつきっきりで製造していたが、それを改め、今では熱処理する際の数値条件がすべて解析できているから、作業手順さえ間違えなければ素人でも高品質の熱処理が可能だ。現状は熟練工以外のスタッフが中心となって製造している」

「それは凄い。待てよ、作業手順さえ間違えなければ、素人でも製造できるんだよな。ということは、遠隔でも製造できることにならないか？」

「確かにそうなるな。本社にマザー工場を作って、それと同じ設備を海外工場側にも用意する。製造のための各種パラメーターをマザー工場と一緒にして遠隔監視をすればいいのか。そうなれば、必要人員は日本に置いておける！」

「その通り」

「河島、また手伝ってくれないか？」

「申し訳ないけど、今は手一杯なんだ。大型案件に取りかかったばかりで、割ける時間が確保できない。興味はあるが、当社ではまだ経験がない」

河島は腕組みをして空を仰いだ。しばらくそのままの姿勢で上半身を回転椅子で左右に振り続けた後、おもむろに切り出した。

「この領域を得意としている会社があった。そこなら力を貸してくれるはずだ。そこの社長とは懇意なので連絡を取ってみる。遅い時間だけど大丈夫だろう」

河島は携帯電話を取り出し、やおら話しだした。

「来週の木曜日、福岡に行ける？」

河島は尋ねた。

「ちょっと待って。ああ、この日は空いている。大丈夫だ」

「午後一時からでいい？」

「問題ないよ」

「オーケー」

河島は一言二言会話を交わし、電話を切った。

「来週の木曜日に福岡の浦田機工の社長に会ってくれ」

「浦田機工って、ダイソンやＧＭのラインを手掛けていたあの浦田機工のこと？」

「そうだよ。その浦田機工。概略は話しておいたので、社長に相談してくれ。ちなみに社長は女性だ。三〇代で先代から経営を引き継いだ三代目。桜蔭・東大を卒業し、ＭＩＴにも留学した才女だ。彼女の代で東証一部に上場し、会社を大きくした。きっと悪いようにはならないよ」

「いつも助けてもらって申し訳ない」

「なに構わんよ。前回の相談ではフィーをもらっている。今回はお得意様からの相談だから。真摯に対応しただけだよ」

河島はにやりとして、白い歯を見せた。

COLUMN

リー・アンド・ファン、JUKI、島精機、セーレン、シタテル

リー・アンド・ファン（利豊）は香港を本拠とする企業。エージェントとして世界の縫製工場とアパレルメーカー数万社をグローバルにネットワーク化し、生産管理と物流管理などを含むコーディネーションを行っている。

他のエージェントも参加できるソフトウェア・プラットフォームをクラウドで提供し、イスラエルのオプティテックス社の3D-PLMなどをクラウド上に組み込めるようにしている。

3D-PLMは、3Dデータの製品設計情報とBOM（部品表）、BOP（生産工程表）などをトータルで管理するデータ管理機能だ。製品設計とものづくりの設計を統合する機能である。3D-PLMはアパレルのバリューチェーン上、重要な機能を果たしている。

従来のアパレル業界では、量産モデルを決定する前に描いたデザインを実物サンプル作成で確認し、その上でデザインの最終変更・色の決定・布地を決定していた。サンプルと

はいえ、デザインから実物をつくる部分は労力を要する。これがベンダーの頭を悩ませていた。

ところが、３Ｄ－ＣＡＤ／ＣＡＭデザイン技術を応用すると、服のデザインをバーチャルモデルに着せて動きを見せることができる。デザイン変更や生地・色の変更など各種シミュレーション機能を備えている。パターンを起こすまで自動的に行える。

ニューヨークのデザイナーと香港の商社、アジアの縫製工場、副資材メーカーなどがクラウドを介し、ＣＧでの製品企画内容の調整作業を行うことが可能となった。製造業でいう〝ワイガヤ〟である。こうすることで、圧倒的に短いリードタイムが実現した。ファストファッションが実現できた背景にあるテクノロジーである。

第４次産業革命の観点からいえば、アパレルの世界は既にアーキテクチャーの構造が決定し、必要モジュールも出そろいつつある。強いて言えば、自動縫製の領域にはまだ余地がある。ミシンのＪＵＫＩ、ニット機の島精機など日本勢も生産装置部分のモジュール化で気を吐いている。ただ、産業全体では、ほぼ勝負が付いたようだ。

一方、モジュールレベルでは、ＪＵＫＩや島精機以外でも、日本のアパレル産業で頑張っているところがある。

例えば、生地染色や自動車のシートで有名なセーレンが、ビスコテックスという第４次産業革命におけるモジュラー的技術を開発済みだ。インクジェット印刷技術を利用して生地を自由に染め上げることが可能なシステムで、写真も生地に印刷できる。

だから、マスカスタマイゼーションへの対応が可能で、一着分という極少量の生地からテキスタイルを生産できる柔軟性のある技術だ。テキスタイル製作に一年以上の準備期間が必要だった二〇年前の状況とは隔世の感がある。

人件費の関係で海外の縫製工場を活用していたアパレル各社が、昨今の円安の影響で、国内に拠点を戻す動きが見られる。この部分に着目し、国内のアパレルやデザイナーと全国の縫製工場をマッチングするプラットフォームを提供するサービスを熊本市のシタテルが行っている。小ロット発注ができるように、縫製工場の稼働状況を考慮して発注者と受注者とのマッチングをしている。

惜しむらくは、既に一〇年前程から活動しているリー・アンド・ファンと比較すると、規模やデジタル化のカバー範囲などで課題がある。逆にリー・アンド・ファンと連携することで、日本のアパレル産業のプラットフォームを早期に提供できるかもしれない。

第7章 Chapter 7.

遠隔工場化プラン

1

翌週、藤堂は定岡を伴って福岡に出かけた。浦田機工の本社は元寇防塁で有名な百道浜《ももちはま》にあり、福岡空港からはタクシーで二〇分程度だった。

ゆったりとした敷地に工場というより研究所に近い装いの建物が見えてきた。「海外の一流メーカーとしか仕事をしない」という噂の通り、外観から見る限り、日系企業の匂いは薄い。まるで米国のＩＴ企業のような雰囲気を醸し出している。

受付で手続きを済ませると、社長室に案内された。

扉を開けると、鮮やかな紫色のワンピースを身に纏った身長一七〇センチほどのショートカットの女性が待っていた。

「毎日片道一時間かけて自宅からイタリアのビアンキ社製高級自転車で通勤しているスポーツウーマンだよ」と河島から聞かされていた浦田機工社長兼CEOその人だった。一〇歳上の夫は有名なスポーツカメラマンで、世界を飛び回っているらしい。

「遠いところをようこそ。CEOの**浦田理恵**です」

浦田の声はハスキーボイスだった。藤堂は顔を合わせた瞬間、威圧感を感じてしまったほど堂々とした物腰だった。

「初めまして、ケイテックの藤堂です。貴重なお時間をありがとうございます」

藤堂の横にいた定岡もすっかり緊張して、小声で「定岡です」と挨拶した。

「河島さんから、お話は伺っています。藤堂社長は考え事をするときには天井を向くとか」

「えっ、あいつ、そんなことまで喋っていましたか」

「大学時代からのご友人でラガーマン同士とお聞きしました。うらやましい関係ですね。ご安心ください。守秘義務に関わることと悪口に関してはロにされてはおりませんでしたので」

このやりとりで藤堂は緊張が解け、すっかりリラックスした。浦田はまだ三〇代半ばだったが、海外の一流企業との交渉を一手に引き受けてきた経験の持ち主らしく、相手を自分のペースに引き込む交渉術は一級品だった。

「恐れ入ります。よろしくお願いします。ところで、浦田機工さんは日本の企業とは付きあわないという噂をお聞きしましたが？」

「それは単なる噂です。たまたま日系企業と取引する前に米国のビックスリーの一社と取引することになり、それが評価されるきっかけになりました。その後、欧米企業だけでなく、韓国、台湾の企業からも次々に仕事が舞い込み、国内開拓が後手に回ったのです」

「たまたまだけではなく、実力があったからでしょう。海外の一流企業から認められたというのが本物の証拠です」

「お褒めいただき、うれしいです。では本題に入りましょう」

そこで藤堂はこれまでの経緯を説明した。

●ドイツのボルツ社から商談が舞い込んだこと

●それを契機に、河島に相談に乗ってもらいながら第4次産業革命の流れを意識してケイテックを丸ごと改造してきたこと

●海外企業と取引できる生産・情報インフラを整備して工場のサイバー・フィジカル・システム（CPS）化、生産工程の「可視化」を実現してきたこと

●取引先から海外工場への協力打診を受けたこと

続いて藤堂は本題に移った。

「当社は海外へ行かないで海外進出する方法を考えています」

「それは、まるでミステリーですね。海外に行かない海外進出なんて」

藤堂は深呼吸して続けた。

「ある意味でミステリーですね。生産設備は海外に置きますが、人員は派遣しない。その製造装置は当社の本社工場で遠隔で監視します。海外に置かれた設備は、現地の素人工員でも扱えるものにします。製造保証はこちらが引き受けます。本社側でも同一ラインを持ち、マザー工場化しておくことが基本となります」

「なるほど。そうすると、製造装置の制御部分にはベテラン工員が行うノウハウが詰まっていると理解すればいいわけですね」

「その通りです。既に弊社の熱処理工程では、ベテランではなく素人工員だけでも二四時間操業できる仕組みが整っています。ただし、熱処理工程は非常にアナログな世界で、同じ型番の装置でも、実際に動かしてみると癖が異なっているため、再現性に苦労します。そのあたりの補正についても、ある程度基礎研究は完了しています」

「なるほど、勝算ありと判断されているわけですね」

「その通りです。ただ、それを機械装置に再現して遠隔監視しながら生産するノウハウをわが社はもっていません。そこで御社のお力添えを得たいと参上しました」

「ご相談の内容は理解しました。少し観点は変わりますが、少し質問してもよいでしょうか？」

「構いません」

「御社のこれまでの経緯をお伺いして、非常に感心したことがあります。ケイテックがこの第4次産業革命の取り組みの際に成長戦略を描いていた点です。中小企業の多くは成長戦略を描けず、懇意の取引先からのオーダーに一喜一憂するだけで、意志を持った事業計画で経営しているところが少ない」

藤堂は浦田が口にした「成長戦略」という言葉が頭に引っ掛かった。質問しようとしたが、その隙がないまま、浦田の話が続いた。

「ケイテックは再度の新規開拓を行う決心をされ、そのためのインフラ投資を決定しましたが、これは簡単にできる判断ではありません。このインフラ投資は直接的には利益にも売上にも貢献しないため、多くの経営者は投資に躊躇します。われわれはＱＣＤＳと呼んでいますが、これができていない製造業が多いのです」

浦田の話には理解できないところもあったが、藤堂は頷きながら話を聴いた。

「よくＱ（クオリティ）として精度の高い加工を誇る会社が多いのですが、一品ものの製造ならいざ知らず、量産品の製造では、Ｑだけでは戦えません。取引先から見たら、お付き合いの中で、当然ながらＤ（デリバリー）の納期期限が気になりますし、長期取引ならＣ（コスト）の原価低減への協力は必須です。Ｑだけで戦っている会社は、勘と経験だけで経営を行っているところが本当に多い」

「ＱＣＤが、クオリティ・コスト、納期というのはわかります。Ｓってなんですか？」

「失礼しました。あまり一般的な概念ではないですね。Sはスケーラビリティの略です。経営技術・製造技術の形式化・組織知化・システム化のことです。

御社はドイツ企業と取引をされる中で、CとDの重要性に気付き、ERPを導入され、生産時の実績値から原価管理・原価企画を勘と経験ではなく数値管理の下で組織として形式知化を行い、科学的に納期回答できる仕組みを作りました」

藤堂は浦田の見事な分析に言葉を発することもできず、ただ頷くばかりだった。

「失礼な物言いになりますが、かつてはQだけを売りにするケイテックにSを持ち込んで、QCDを売りにできる新しいケイテックに生まれ変わったわけですね。決まった取引先だけ、あるいは系列的な取引だけの場合、Qだけ優れていれば、なんとかなります。新規開拓に積極的に取り組んだからこそ、ケイテックはここまで強くなった。

その中で、よくぞSを導入されることを決心されたものとだと感心しました。もっとも、Sは単なるツールでしかありません。ツールを使いこなすための成長戦略がしっかりしていたからこそ、現在のケイテックさんがあると感じます」

藤堂はくすぐったい感じがした。

「なるほど、分析するとそういうことになりますか。ただ私どもは無我夢中で必死で考えてやってきただけです。いくらか内部留保があり、大型投資に耐えられたことも幸運でした」

そう話しながら、藤堂は浦田の両手の指先が綺麗にネイリングされていることに気が付いた。

「一流の経営者はおしゃれでもある。余裕があるんだ」と舌を巻いた。

そんな藤堂の視線にはまったく気づかず、浦田は話を続けた。

「熱処理工程の件は、チャレンジングでとても興味があります。私どもにお手伝いさせてください。誰も経験したことがない領域ですが、ケイテックの製造技術を形式知化する能力と私どもの自動化技術を掛け合わせると、凄いことができそうな予感がします」

藤堂も応じた。

「よろしくお願いします。浦田社長にそう言われると、なんだか乗り越えられる気がしてきました」

浦田は社長室に担当者を呼んで定岡との実務者同士の打ち合せを指示した。

実務レベルの話を横目に、浦田は藤堂に話しかけた。

「詳細は提案書で説明いたしますが、目論見では御社の本社工場にマザーラインを作り、遠隔で機能するための条件出しを行い、最終的にシステムに載せることを計画しています。あわせて、タイの現地工場の設備にもセンサーを付け、これまでに確認されていない環境条件の差が品質に与える影響をモニターすることが必要でしょう。いずれにせよ、実験を重ねることが重要です。

問題は発生したことをできるだけタイムラグなく把握する仕掛けと、問題発生時に直前の過去にさかのぼってセンサー情報や設備の状態を総合的に俯瞰できるＡＲの仕組みも効果的でしようね」

「とてもよくイメージできます」

藤堂は定岡と顔を見合わせ、頷きながら言った。河島に続く理解者・協力者を得て、藤堂は気持ちが高揚するのを抑えきれなかった。


夕方、藤堂は機上の人になっていた。夕日を浴びた茜色の雲を眺めながら、「第4次産業革命の取り組みの際、同時に成長戦略を描いた」と語った浦田の言葉を反芻した。激変する環境の中でケイテック存続を夢中で模索していた失意のあの週末を思い出していた。

「そうか、あのとき、考えていたのはケイテックの成長戦略のことだったんだな」

「そのとき、河島相手にクダを巻くだけだったら、今頃、ケイテックはどんな状態になっていたことだろう」

想像しながら、背筋に寒いものが走った。

「何はともあれ、前を向いて走り続けるだけだ」

考えを巡らせているうちに、藤堂はぐっすりと眠りについていた。

2

　東京に戻り、藤堂はトーカイの黒岩に連絡し、タイ工場の熱処理工程を引き受けることを伝えた。

　ただし、(一)タイ工場に新規設備投資はしない、(二)本社工場においてあるマザーラインから遠隔監視できる特殊な熱処理工程の監視設備と制御設備を導入し、現地工員だけでも安定した品質で製造できる仕組みを導入する――の二点を条件とした。

　モデルチェンジなどで製造部品を変更した場合には、マザーライン側で設定条件を算出し、それをタイ工場側に送信・指示するため、現地工員だけでほとんど製造可能なシステムになる。その結果、ベテラン工員をタイ工場側に恒常的に配置する必要性もほとんどなくなることも伝えた。

　黒岩はこの回答をある程度予測していたようで、感嘆したように言った。

「この前、ケイテックの工場を見学して、まったく従来とは違ったやり方で海外工場をオペレーションする方法を知りました。わが国の製造業にとって、大きな飛躍になる可能性があります。ご快諾いただき、安心しました。来月、タイ工場に出かける用事があるので、御社の方も一緒に見学に行きませんか？」

「それはいい機会です。熱工程の条件出しでも詳細情報が必要ですので、タイ工場の現場との詳細なやりとりが必要になります」

「では、詳細についてはまた小林さんと相談させてください」

「よろしくお願いします」

藤堂は電話を切った。

ケイテックの本社工場では浦田機工の協力を得て、タイ工場のマザー工場にする新しいラインを設置した。

ケイテックの熱処理班のベテラン組は、各種センサーやカメラを取り付けた**真空浸炭炉**[*1]で、タイ工場で製造するハブやデファレンシャルなどの自動車足回り部品を熱処理するため、炉の熱分布を考慮しながら条件出しの実験を繰り返してきた。その甲斐もあって、ほぼ二カ月でそれぞれの部品に最適な条件出しが整ってきた。

熱処理の条件出しは非常にシビアだ。品質を保持しながら現地工員だけで作業できるようにするため、極力、人が調整する幅をなくし、例外なしの処理を規定通りに行う仕組み作りが求められる。

そこで、浦田機工側はケイテック側と共同で実際の生産時の状況を想定して、ベテラン工員がいなくても現地工員だけで品質保持するための制御の仕組みを構築した。

熱処理をする際、真空浸炭炉で加熱する前に対象の部品をかごに入れ、炉に入れ込む作業を行う。部品が熱処理対象の入れるべき部品か、条件に必要な個数をおさめているか、などを炉に入れる直前にカメラ・センサーなどで自動的にチェックして炉に挿入する手順とした。ポカヨケである。

最終的に遠隔監視の部分も作り込み、現状の状況や過去の加工条件などについて、本社側で共有できる仕組みとした。また、必要があればマザーライン側でセットした新しい加熱・冷却の条件をタイ側の加熱炉にも送り込むことが可能になった。

これまでの改革で第4次産業革命の対応ツールを整えてきたが、まだパッチを当てながら利用している状況であったため、これまで分断されていた発注系情報と設計・生産系システムの製品ライフサイクル・マネジメント（PLM）、CAD（設計支援システム）、CAE（製品の設計・開発工程支援システム）、CAM（製造支援システム）、製造実行システム（MES）などを規模は小さいが一つのプラットフォーム上に思い切って統合した。実際、一番手間が掛かったのがこの部分

＊1……真空浸炭炉：真空浸炭はアセチレンガスを注入し、そのガスの熱分解によって生じる活性炭素を製品表面に浸透拡散させるプロセス

だった。

3

ケイテックと浦田機工の合同チームが苦しみながら第4次産業革命のツールをバージョンアップしている間、藤堂たちはアユタナロジャナ工業団地にあるトーカイ・タイ工場の視察に加え、ボルツ社のハルトマンから紹介されたタイ周辺の工場やシンガポール、中国・深圳《しんせん》、上海の工場を視察した。

この視察で藤堂が最も驚いたのは、生産システムで工員を活用する考え方に日本と海外で大きな差があることだ。

日系企業では日本式の生産方式を活用しているため、生産ラインは基本的に日本と同様の仕組みにしている。そのため、現地の工員に対して徹底的な習熟を求める社内教育を行っている。

日本国内に複数の工場がある場合、同じ会社であっても工場が異なると工場間で切磋琢磨していることもあり、細かな技術的ノウハウが異なっていることが多い。その結果、製造技術の組織としての形式知が集積しにくい構造になっている。

　一方、欧米企業や中国・台湾・韓国系資本の企業では、工員の習熟はある程度必要とするが、仕組みで組織的に生産することを基本としている。第4次産業革命が指向している「製造技術の組織としての形式知化」と非常に相性がいい。

　特に、欧米企業と中国企業は積極的に第4次産業革命のツールを採用しており、発注系情報ではERPを活用し、それと連結した生産系システムで製造実行システム（MES）経由で工作機械などの生産設備を走らせている。

　これには、藤堂も度肝を抜かれた。自分たちの生産システムは、国内はおろか世界的にも相当先頭を走っているものと自負していたが、先頭グループにいるものの既に多数の先人がいるという認識までは持っていなかったからだ。

　既に海外では多くの企業が第4次産業革命のツールを使いこなしているという事実を、藤堂は認めざるを得なかった。同時に、強い焦燥感に駆られた。このツールを持っているだけでは、長期的な差別化にはならない。

　またもや目の前に大きな壁が立ちはだかっている感じがした。日本の製造業は今後どうなってしまうかを想像すると、寒気すら覚えた。

　飛行機の搭乗時間は、思考を巡らすには実に良い時間を与えてくれる。浦東国際空港から帰国する際、藤堂は機内で見ることのできる最新映画には目もくれず、ケイテックをどのように差別化していくかを成田に着くまで考え続けた。だが、考えは容易にまとまらなかった。

「全く整理すらできないな。問題がでか過ぎる」

藤堂は当面、この件はペンディングにして、頭の片隅に追いやることにした。

会社に戻ると、ボルツ社のハルトマンから連絡があった。

「先日はタイと中国・深圳のパートナー企業を紹介していただき、視察できて大変勉強になりました。良い刺激を受けました」

藤堂は礼を言った。

「お役に立てて良かった。実は私、日本に来ております。明日、お会いしたいのですが、伺っても大丈夫でしょうか？」

いつもながら陽気なハルトマンだった。

「午前中であれば、いつでも対応可能です」

「では、明日の一〇時に」

「承知いたしました」

翌日、ハルトマンが来社した。

「ご多忙の中、時間を作っていただき、ありがとうございます」

「ちょうどスケジュールに空きがあり、良かったです。もっとも、調整してでも時間は作るつもりでした」

「早速ですが、相談があります。現在、弊社はフォルクスワーゲン・グループの次世代低燃費エンジン開発プロジェクトに参画しています。このプロジェクトにケイテックを正式メンバーとして招聘したいので、是非、受けてほしい」

花田の通訳してくれた内容があまりに唐突で、藤堂は訊き返した

「フォルクスワーゲンのプロジェクトに我が社を招聘、と言われました？」

ハルトマンの答えは明快だった。

「ダー」

藤堂は一息入れて言った。

「私どもでお役に立てるなら、協力します」

ハルトマンは安堵したようだった。

「御社には、摩擦低減に関する部分をお願いしたい。既にモデルベース開発（ＭＢＤ）を手掛けていると思いますが、この部分で力を貸してほしい」

「プラズマ溶射水素フリーＤＬＣ加工の件ですね。全力で取り組みます」

「ところで海外工場への進出の件は、まだ考えは変わっていませんか？」

「少しだけ前向きになってきました」

「それは大きな変化ですね。何かあったのですか？」

「大きくない会社ですので、ベテラン社員を長期間海外に赴任させることは難しい。ただし、も

のづくりを人だけではなく、仕組みを組み合わせて行い、遠隔監視的な仕掛けを導入すれば、品質を維持したまま、ベテランに頼ることなく、工場を拡張することができるかもしれません。

現在、本社工場をマザー工場にして別ラインに新しい工場を想定した設備を導入して、実践的な製造を想定したテストを実施中です」

「それは素晴らしい。では、いつから海外での生産は可能になりますか？」

「新しいラインを作るだけでなく、ベテランだけに頼らず、仕組みを用いた新しいものづくりにもトライしたい。なにぶん新しい仕組みの構築を行いますので、少し時間をいただきたい。ただし、新しい仕組みができれば、拡張性は高まりますので、多くの工場を構築することが容易になります」

「わかりました。定期的に様子を教えてください」

ハルトマンはケイテックの急成長ぶりに驚いたが、藤堂の世界レベルをめざした構想に手ごたえを感じて成田に向かった。

COLUMN

ＳＡＰの最先端プラットフォームＨＡＮＡ

ＳＡＰにはＨＡＮＡという素晴らしいプラットフォームがある。

中央演算処理装置（ＣＰＵ）の演算速度の著しい向上とメモリー領域の爆発的な拡大という、ハードウェア側の進化に対応して、旧来のソフトウェア資産を完全に捨て去って、アプリケーションの構造自体を大胆に変化させたものだ。ＳＡＰの破壊的イノベーションである。

データの発生源である生データのみを記録しておき、必要に応じてその都度、生データから集計する。その結果、中間ファイルを計算・保存することに割り当てていたシステムパワーや保守費用を相当削減することができるという発想だ。

ＳＡＰのエンジニアは、ＨＡＮＡのイノベーションを象徴するキーワードが「オンザフライ」であると解説する。「オンザフライ」とは「即時構造化」という意味で、取り扱いデータ量がますます拡大していくビッグデータや人工知能を扱うには最適なアーキテクチャーだという。

ＨＡＮＡのコストパフォーマンスは二桁以上、加えてリレーショナル・データベース（ＲＤＢ）の設計や開発に必要な時間も大幅に短縮できる。システムのデリバリー速度を従来よりも速くすることが可能だ。今後はインメモリ型のデータベースが主流になるとみられる。

4

ケイテック初となる海外進出に関して、ケイテックと浦田機工の合同チームは新しい仕組み構築に目処をつけた。あとは最終的な実証実験を行うだけだった。

本社工場のマザーラインの隣にマザー工場と全く同じ設備を設置し、タイ工場向けの新ラインが用意され、さまざまな事態を想定した最終テストを繰り返した。熱処理用の設備は同じ型式の装置でも、炉内は微妙に温度分布が異なるため、最初はその補正を行いながら、品質の安定化を行った。

各種センサー・画像分析の結果から想定された以外の条件となった場合は、熱処理装置を作動させないという品質管理システムの稼働状況についてもチェックを行った。あえて真空炉用のかごに過密気味に対象部材を詰めたり、異なる部材をかごに入れるなど、分量、部材の向きなど正規の処理手順を踏んでいるかどうかの確認を念入りに実施した。

トーカイの黒岩や梅木らを呼び寄せて最終的な確認を行い、ここでの品質チェックは合格となった。

次に本社工場に設置した設備をタイ工場に移設する作業に取りかかった。設置場所は、トーカイ・タイ工場の、以前は熱処理工程があった一角を借り受け、一連の装置を設置した。さらに、心臓部となる製造実行システム（MES）などのサーバーやルーター類も整備した。

もっともタイ工場に設置しても、外気温、水温、微妙なガスカロリーの差などから再度、炉内の熱分布の補正が必要となるため、さすがにベテラン組を派遣して、計測・熱処理のテストを繰り返し、一週間ほど最終調整を行った。

同時に現地採用の工員たちに向けて手順書通りに対象部材をセットすることを徹底させた。万一、セットを間違えた場合は機械が自動的にその間違いを指摘してくれることも併せて教え込んだ。

驚異的なことだが、二週間後から安定した品質の製品出荷が可能になった。しかし、トーカイからの型式認定承認はまだ降りていなかったため、このタイミングでトーカイへの試験実施を依頼し、テストの結果、即日合格となった。

初の海外生産であったため、大事をとって翌週もベテラン組が残って品質チェックや生産指導も行ったが、次第にやることも少なくなり、週後半は完全に現地工員だけでオペレーションが回せるようになった。

この後、藤堂はケイテック熱処理本部の人員強化を命じた。数カ月後、熱処理の研究者と職人、ＩＴ人材を集めることに成功し、Ｍ＆Ａ実施直後と比較すると、ほぼ三倍の人員規模となった。一カ月後には品質管理と経理の日本人担当者をそれぞれ一人ずつ駐在させ、残りのベテラン組は帰国した。

海外生産の立ち上げから安定化を実質数週間で完了できたのは、常識を覆す極めて異例なことといえた。第４次産業革命のツール群を利用しなければ、到底、実現不可能だった。このツール群を活用すれば、同じような機器構成という条件はつくが、もっと短期間での複数拠点の立ち上げも可能だ。産みの苦しみはあったものの、ケイテックに武器がまた一つ増えた。

一方、トーカイの黒岩は別の観点で見ていた。彼は立場上、調達が主業務であり、生産システムに関しては門外漢で、業務分掌外のため、自分が口を挟めないことは自覚していた。ただし、急速な進展を遂げているケイテックの生産システムには目を見張るものがあり、トーカイとしても良いところは貪欲に取り入れるべきだと考えていた。

素人目で見ても自社の生産システムの考え方とケイテックのそれとは、根本から違っていることも理解していたが、参考にすべき点はあると信じ、調達担当の役員と生産システムの同期入社の担当者、及び技術部の梅木部長に定期的にケイテックの第４次産業革命に関する動向についてレポートを上げていた。

特に、今回は特定の工程という小規模な対象に限定されているとはいえ、トーカイが匙を投げた案件で初めて海外進出したケイテックが品質安定までたった三週間で完遂させたのは特異なことであり、トーカイもケイテックの実力を注視すべきだと報告した。同時に、自社の生産システムが限界に近づいていることを黒岩は肌で感じ取っていた。

「われわれも変わる必要がある」

ケイテックのタイ工場では、六カ月経過後も現地工員だけで十分な品質の製品を生み出していた。この状況を見て、トーカイはインドネシア、中国、メキシコの自社工場の熱処理工程をケイテックに任せられないか、黒岩を通して打診した。

「藤堂さん、タイ工場の品質は抜群に安定していますね。いかがでしょうか。熱処理工程で弊社のインドネシアと中国、メキシコ工場を手伝ってもらえませんか？」

黒岩が単刀直入に藤堂に言った。

「三カ国への海外進出のお誘い、ありがとうございます。ただし、三カ国への海外進出は当社の身の丈を超えます。費用の点もしかりですが、人員の点でもさすがに三カ所への対応は厳しい」

藤堂は残念そうに答えた。

「例の第４次産業革命のツール群を利用しても難しいですか？」

「そこが問題ではないのです。例のツール群を利用すると、品質を保持しながら製品製造はできます。曲がりなりにも海外拠点を作ることは新しく現地法人を設立することにもなり、技術系の仕組み以外に、総務系・人事系など各国の事情を考慮した有形無形のファシリティを整備する必要があります。

さすがに例のツール群はそこまではカバーしていませんし、そもそもそこはＩＴ系ではなく〝人系〟でサポートする領域のため、まだまだ私どもには効率的に運用できるノウハウを持ち合わせていません」

「確かに、言われる通りですね」

「三カ国とも、もともと各工場に熱処理工程を備えていたと記憶しておりましたが？」

「その通りですが、それが何か？」

「今回の弊社へのオファーの狙いがコストダウンだけでは的外れな提案となりますが、仮に品質の安定性を求めているなら、われわれ独自の提案も可能です」

「コストダウンは常に追求していますが、今回の弊社の目的はコストは維持したまま品質を安定化させることが主眼です。コストが下がるに越したことはありませんが」

「なるほど、それは良かった。私どもは直接海外進出しなくとも、この件をお手伝いできるかもしれません」

「言われている意味がわかりかねますが」

「禅問答みたいな表現で申し訳ありません。誰でもが安定した製造が行える熱処理工程の設備をレンタルし、それを御社の人員で製造していただくという提案です。ただし、第4次産業革命のツールでサポートしますので、弊社社員のやることは規定された部材をかごにセットし、スイッチを押し、熱処理が完了したら、部材を取り出すだけになります。熱処理に関する装置は、弊社が責任を持って遠隔監視します」

ここで藤堂は一呼吸入れた。

「例えば、誤った条件で熱加工しようとした場合、炉に入れる前からアラートが鳴り、事前に防止するイメージとなります。恐らく、弊社が直接担当するとなると、現地法人を一から設立することになるため、オーバーヘッドコストを入れると、コスト的には不利になります。このレンタル方式の方が廉価になります」

「なるほど、御社のご提案を社内で詰めてみます。提案の確認ですが、既にタイ工場で行われている熱処理工程の人員を弊社側が受け持ち、設備に関してはリモートで御社が受け持つということですね」

「その通りです」

「うちも素直にケイテックのツール群を活用してしまえば問題ないのですが」

黒岩が独り言に近い呟きを漏らした。黒岩を見送った後、藤堂は彼の呟きが気になった。

5

一週間後、トーカイからインドネシアと中国、そしてメキシコ自社工場の熱処理工程でケイテックの遠隔工場化プランが承認されたとの連絡があった。黒岩はわざわざケイテックに足を運んで伝えた。

「無事、御社提案が承認されましたので、正式に当社のインドネシア・中国・メキシコ工場における遠隔工場化プランを依頼します」

黒岩はほっとした表情だった。

「わが社にもケイテックさんがお持ちの生産システムがほしいくらいです。生産技術の連中にも言っているのですが、なかなか理解してもらえない。当社のシステムは原価低減活動への基礎データを的確に測定できるよくできたシステムですが、品質管理とは連動できていません。もともとスクラッチで作り込んでいるので、拡張性に難があります」

黒岩は首を振りながら嘆いた。

「お褒めいただいて光栄です。私どももこの仕組みがなければ、御社の海外でのお手伝いはおろか、成長もままならなかったと思います」

藤堂は噛みしめるように言った。

すぐさまケイテックは三工場で対応する部品を取り寄せ、最適な熱処理のための諸元値を押さえるためのテストを開始した。

三工場は複数の車種の共通部品を生産しているため、熱処理装置もより大型のものを選択する必要があったため、磯子の本社工場にその装置を導入し、熱処理工程を数値化した。

念のため、現地の一年間の最低・最高気温、湿度のデータも踏まえながら、三工場個別の補正予測を同時に行った。

一方、藤堂は生産制御装置を徹底的にブラックボックス化させることを定岡と石井らに命じた。

「熟練工が行っていた生産工程を〝可視化〟するということは、容易にコピーされてしまう恐れもあるということだ。生産装置やその周辺の装置を徹底的にブラックボックス化する工夫もしてほしい」

藤堂はさらに念を押した。

「もっとも、今手掛けている熱処理工程は、特定の条件のときだけ製品保証をする仕組みなので、神経質にならなくとも良いが、トーカイ以外の工場にも展開させた場合は、少し気をつけた方がいい。たとえ、リバースエンジニアリングされたとしても、肝心のノウハウ部分は守れるような工夫がほしい」

定岡たちは会議室に戻ると、ブラックボックス化のコンセプトについて議論した。

定岡が口火を切った。

「熱処理炉自体は、最終的にわれわれで手を入れているため、製造メーカーから情報が漏れることは少ない。むしろ、熱処理炉にローカルに残った制御データやセンサー情報の扱いが問題と考えている」

「私も基本的にはその方針です。工程が終了するたびにセンサー情報をアップロードすると同時に、制御データは消去する。そして、再度、製造指示をするたびに、サーバーに制御データを取りに行く方式が望ましいと思います」

石井も同意した。

「まさに、その手順だな」

「あとは通信の部分ですね。心臓部のサーバーの情報をどの形態で装置まで通信させるか、どこまで暗号化を仕込むかが論点ですね。エンジニアリング的には、立て込んだ製造ラインでの構成を考えると、製造設備間の同期性に影響するほどのガチガチの暗号は仕込みたくないです」

石井が言った。

「でも、今回は熱処理工程だけなので、設備間での同期合わせは必要ないわけで、神経質にならなくても良いのではないかな？」

「確かに。むしろ、しっかり暗号化を施した方がベターですね。ただし、このあたりのバランスは、今後の課題として考えておきましょう。いつ立て込んだラインでの製造を指示されるかわかりません。統一的な仕様については、研究課題に据えておくべきですね」

笑いながら石井は言った。

「その通りだ。いま一瞬、うちの社長の顔が浮かんだよ。でも、今後、ネットワーク構成に有線ＬＡＮだけでなく無線ＬＡＮも混在させると、結構厄介な問題になる可能性があるな」

「それも含めて、今後の課題ですね」

一〇カ月後、三工場の現地での現物試験が開始された。各工場への設備搬入は既に完了していたため、ケイテックのテスト担当部隊の到着と同時に、補正値調整が実施できた。

生産自体はトーカイの社員が実施するため、マニュアルの整備と従業員指導などは慎重に行う必要があった。その結果、本格生産までの期間は、十分な余裕をとり、二カ月後とした。

順調に生産が開始されたため、保全のための一人を残し、テスト担当部隊は日本に引き揚げた。

数カ月後、ケイテックはトーカイから許諾を得て、トーカイのインドネシアと中国、そしてメキシコ工場でケイテックの遠隔熱処理工程サービスを提供したことをプレス発表した。

発表後の反響は凄まじく、トーカイと同様に熱処理工程で苦労している企業を中心に引き合いが相次いだ。さらに自社ではものづくりを行わずに、熱処理工程を一個あたり何円という遠隔熱処理工程サービスの利用料金でビジネスを成り立たせていることに興味を持った企業とマスコミからの問い合わせが入った。

ケイテックが行っているこのビジネスモデルの核心は、徹底したブラックボックス化だった。実は導入した熱処理装置はメーカーのカタログモデルのままではなく、特注品で、契約上、特注部分は他社に売らないための守秘義務事項まで結んでいた。

さらに、自社で装置に追加で多数のセンサー等を取り付け、設備の最終化まで手掛けていた。加えて、設備装置自体には制御プログラムは持たせず、すべてケイテックのサーバー側が指示するシステム制御で行っていた。

クラウド技術を本格的に現場に適用していることも注目された。もっとも、熱処理工程は諸条件が変わると処理工程を細かく制御しないと完成しない性格を有しているため、模倣が極めて厳しい。

ケイテックでは、既に拠点のあるタイ、トーカイへのサービスを開始している中国、メキシコ、インドネシアに限定して、この遠隔熱処理工程サービスを展開することを決定した。

ここに来て、藤堂の読みは冴え渡っており、一年ほど前から熱処理本部の人員を強化してきていた。熱処理研究部の人員強化策は、全国から廃業する熱処理事業者から熱処理エキスパートの職人を集め、大学や企業の研究所からは熱処理に関する理論派の人材を集めた。また、熱処理数値制御部に関しては、ＩＴ関連企業から人材を集め、数名のＡＩを応用できる技術者まで揃えることに成功していた。

ケイテックは自社の身の丈に合った案件に限って、遠隔熱処理工程サービスの展開を図った。それでも一年後までに一八工場分のサービス提供が実現した。

6

トーカイの三工場支援と平行してボルツ社と共同で参加している次世代低燃費エンジン開発プロジェクトも本格的にスタートした。驚くべきことに、完全にモデルベース開発（ＭＢＤ）を使ったプロジェクトだった。

ケイテックが担当したのは摩擦低減であるため、カムシャフト関連、バルブリフト関連、ピストンリング・シリンダー関連、クランクシャフト・コンロッド関連での摩擦低減のアイデア提供が求められた。予想通り、プラズマ溶射・水素フリーＤＬＣ加工への関心が高く、シミュレーション上、すべてのケースを試してみることが決まった。

シミュレーションに必要な摩擦係数、膜厚などの情報を提供し、集まった部品群のデータを束ね、３Ｄモデル上で燃料噴射量・空気量・外気温・エンジンオイルの粘性などの条件を振らせながら、デジタル空間上でバーチャルにエンジンを動かし、各種シミュレーションを実施した。

驚異的なことに、ドイツ勢はエンジン気筒内に燃料と空気を噴射し、スワール渦（シリンダー内や燃焼室内における渦状の流れ）を発生させ、プラグから点火させるという燃焼モデル・シミュレーションを行うところまでデジタル化を徹底していた。

しかし、検討すべき項目は大量にあるため、開発チームは各種諸条件を振らせながら、できる限り実利用を想定したエンジン負荷ごとに適切な最適条件を求め続けた。

昨今のエンジンは環境への配慮が求められており、特に窒素酸化物に対しては最大の配慮が必要だった。燃費が良いとされる理想的な燃焼では効率的にエネルギー変換されるため、エンジン内の燃焼温度が上がることになる。

この温度の上昇は厄介で、空気中の酸素が窒素と結合して逆に窒素酸化物（ＮＯｘ）の生成を助長してしまう。このため、ＥＧＲ（排気再循環）装置を付けて冷却した酸素の少ない排気ガスを再度吸入に混入することで、厄介な窒素酸化物の発生を抑えている。

エンジン開発では、これらのＥＧＲ・ラジエター・オイルポンプなど補機もまとめて統合し、データ上でシミュレーションする。エンジンのコントロール条件が定まってしまえば、エンジンの頭脳部分であるＥＣＵ（エンジン・コントロール・ユニット）ソフトウェアはたった一日で完成する。通常の開発方法では数カ月はかかると言われており、モデルベース開発（ＭＢＤ）の活用は効果絶大だった。

現段階ではＭＢＤだけで実車開発しないで車を設計することは不可能であるが、従来、実車開発に依存せざるを得なかった複雑な事象を設計の初期段階でかなりの程度作り込むことができるのは、開発チームにとてつもなく大きなアドバンテージをもたらす。この最新の開発手法の最前線に参画できた藤堂とケイテック技術陣は、刺激と感動の連続だった。

その間、ケイテックはボルツ社から工場進出を打診され続けていた。ボルツ社が欲しかったのは、プラズマ溶射・水素フリーＤＬＣ加工技術だ。ケイテックはプラズマ溶射・水素フリーＤＬＣ加工に関して、遠隔熱処理工程サービスと同等のサービス展開をめざし、石井らのチームが密かに研究を続けていた。

開発チームはプラズマ溶射・水素フリーＤＬＣ加工のためにボックスの中にコーティングノズルを取り付けた小型の塗装ロボットを収め、回転する治具に対象となる部材を取り付け、自動的にコーティング加工を行う装置を完成させた。

ここでも石井らはブラックボックス化への工夫を怠らなかった。遠隔熱処理工程サービスと同様、製造装置は自社で組み立てる方式で供給し、設備装置自体には制御プログラムは持たせず、すべてケイテックのサーバー側が指示するシステム制御で行うようにしたのだ。

様々な形状のカムシャフトを対象に、遠隔生産サービスのための基礎データを収集した。それと連動し、コーティングの塗布状況・膜厚・耐久性などの検査データともつきあわせながら、品質管理・歩留まりなどのデータ分析を実施した。

加えて、カムシャフト以外の部材、クランクシャフト・コンロッドなどについても生産のための基礎データの収集と分析を行い、なんとか遠隔生産サービスが可能なレベルまでこぎつけた。

7

ある日、ボルツ社のハルトマンがひょっこり磯子の本社にやってきた。

「別件で東京と横浜に商談があったので、立ち寄りました。例のコーティング工場の件ですが、進捗はありましたか？」

ハルトマンは藤堂に話しかけた。

「条件付きではありますが、ようやく海外進出の目処が立ちました。ここで話をさせてください」

藤堂が答えた。

「それは最高です。是非、聞かせてください」

藤堂はトーカイの黒岩に話したときと同じように、ケイテックの遠隔生産サービスについて説明した。既に熱処理工程はトーカイで利用していると、ハルトマンに知らせた。

ハルトマンはこのサービスの利用に乗り気で、興味津々の様子で藤堂の説明に聞き入った。百聞は一見にしかずと、藤堂はハルトマンを実験現場に案内した。

実験場を見たハルトマンは興奮して、叫ぶように言った。

「これは凄い技術だ。すぐに導入したい」

藤堂は対象となる部材でのコーティングを行った。そのうえで、各種の条件出しと検証が必要なことを伝え、ボルツ社からの具体的な部材の提供とチェックについて依頼した。遠隔サービスに関する展開は、ボルツ社からの条件出しが順調に進み、試験結果も良好であったことから、ボルツ社のシュツットガルト工場の一角に設備を導入することになった。その後、設備台数を増やし、一〇ラインを投入する規模にまで膨れ上がった。

ボルツ社と共同で参画している次世代低燃費エンジン開発プロジェクトも、佳境を迎えた。着手して一年後、ケイテックが担当したカムシャフト分野では、カムシャフト、クランクシャフト、コンロッドの接触回転部分へのプラズマ溶射・水素フリーDLC加工に加え、シリンダーライナーレス、アルミ製エンジンシリンダー内壁に直接プラズマ溶射・水素フリーDLC加工することが決まった。

その結果、ドイツのシュツットガルト、ミュンヘン、タイ、インドの各工場にもプラズマ溶射・水素フリーＤＬＣ加工の遠隔サービス導入が決定した。

トーカイ、ボルツ社以外にもケイテックの遠隔サービスには国内外メーカーからの引き合いが殺到し、国内一五〇カ所、中国、タイ、インド、ベトナム、メキシコなど海外六五カ所に展開するほどの規模に拡大した。

次世代低燃費エンジン開発プロジェクトで、プラズマ溶射・水素フリーＤＬＣ加工の遠隔サービス導入が決定した翌日、藤堂は福岡に向かった。浦田社長に礼を言うためだった。浦田機工本社を訪れると、浦田社長がにこやかに迎えてくれた。

「浦田社長、新しい生産のための仕掛けを構築していただき、ありがとうございました。立ち上げた海外生産も順調に進捗しています。海外だけでも六〇カ所を超える設備が稼働してます」

藤堂は浦田社長の右手をいつも以上に強く握り締めて感謝の意を表した。

「とんでもございません。もともとケイテックさんがお持ちのポテンシャルを少し後押ししただけです」

浦田がにこにこしながら言った。

「ところで、ご相談なのですが……」

藤堂は海外視察で感じた問題意識を浦田にぶつけた。要約すれば、以下の三点だ。

（一）浦田機工とＫＷエンジニアリングのおかげで、ケイテックは第４次産業革命が描く各種ツールを使いこなし、サイバー・フィジカル・システム（ＣＰＳ）を標榜できる企業になった。一方、世界中を見渡すと、ケイテックのような会社は既に存在している。ツールを使うだけでは徹底的な差別化はできない。

（二）熱処理工程とコーティング工程の遠隔サービスを展開して、事業の新しい柱になりつつある。売上も順調に伸びている。製造業のサービス化という点では成功しつつあるが、安心はできない。

製造業のサービス化は緒に就いたばかりで、製造の暗黙知の形式知化は手探りしているのが実状。研究組織の強化が鍵となるので、そこにもリソースを投入している。外部の新しい人材も活用している。データ分析やＡＩの応用という点では、相当なブレークスルーの可能性が残されている。

（三）一方、第４次産業革命に対して、対応を開始した日本企業が少ないことが非常に気がかりだ。大企業もしがらみがあって動きが緩慢に見える。

藤堂は自社内外に関する気になっていることを熱く語った。

「本当に製造業のサービス化に関しては、よくぞここまでのサービス事業を実現されたものだと感心しています。素晴らしい。御社の取り組みは、マーケティング論の大家である**セオドア・レビット博士**[*1]の言葉を思い出させます」

「どんな言葉ですか？」

「ドリルを買う顧客がほしいのは、ドリルではなく穴である」

浦田は藤堂の目を見て、反応を楽しんでいるようだった。

「藤堂さんのケイテックがやったことはレビット博士の言葉をそのまま忠実になぞったようです。取引先が何に困っているか、究極的なニーズを見つけ出して、それに手を打ったのです」

藤堂は頭を掻きながら「恥ずかしながら、レビット博士の本は読んでいません」と小声で返した。「正直なところ、そんなに順序立ててキレイに取り組んだ訳ではないんです。こちらができることと、先方が望んでいることを試行錯誤しているうちに閃いただけです。ただ、大袈裟ですが、成功をつかむ方程式は掴んだ気がします」

藤堂はさらに続けた。

「相談に乗っていただきたいことが二つあります。一つ目は遠隔サービスに関してですが、既に高負荷稼働となっていることに加えて、遠隔サービスの利用者が急速に拡大しているため、需要に対応できるようにクラウド技術を利用したい」

さらに藤堂の話は続いた。

「二つ目。こちらが本題です。さらに思い切って当社の第４次産業革命のツール群を日本国内の中小製造業向けのワンストップサービスとして広く提供してみたい。このサービス事業は、第４次産業革命の道具立てをワンストップで提供することがポイントです。

・計画レイヤー、実行レイヤーに関するシステムサービス
・ＣＰＳファクトリー構築サービス
・自動化ソリューション
・遠隔サービス
・分析サービス

などの周辺サービス全般をモジュール化し、オプション・サービスしようとするものです。当社が提供できるのは、計画レイヤー、実行レイヤーに関するシステムサービスと遠隔サービスで、他のモジュールはこのサービス事業に賛同するコンソーシアムに参加するコンテンツサプライヤーからの協力によって行います。第４次産業革命ツールのサービス・プラットフォームの創造を画策しています」

＊１……セオドア・レビット：一九二五年〜二〇〇六年。ハーバード・ビジネススクール名誉教授。一九五九年からハーバード・ビジネススクールでマーケティングを教え、『ハーバードビジネス・レビュー』の編集長を務めた。「製造業のサービス化」をいち早く唱えたことで知られる。

ここまで話して藤堂は、大きく深呼吸した。顔がうっすら紅潮している。

「浦田機工さんには、サイバー・フィジカル・システム（CPS）ファクトリー構築サービス、自動化ソリューションに関するサービス提供をお願いしたい。

ただし、弊社の当該システムはとりあえず動かすことを前提に一部パッチを当てながら構築してきたこともあり、再整理することが必須です。思い切ってインメモリ型のデータベースとしてクラウドサービスを構築しようと考えています。

以前、リレーショナル・データベース（RDB）でシステムを構築していた関係上、保守が大変でしたが、インメモリ型のデータベースに切り替えることで、トータルコストを驚くほど低廉化させることが可能になります」

藤堂は説明を終え、出されていた冷たいお茶を飲み干した。そこに、すかさず浦田が尋ねた。

「この分野は海外の製造業も取り組みだしたばかりの領域なので、非常に興味深いです。しかし、御社のサービスをクラウドで外部サービス化したら、御社の優位性が揺らいでしまう心配はないのでしょうか？　ノウハウの一部を事実上公開することになりますが？」

「確かに短期的には一部のノウハウを公開することになるかもしれません。もっとも、われわれも市販技術を組み合わせただけですので、それほど技術的にアドバンテージがあった訳ではなく、技術だけでは早晩、追いつかれるものと考えています。むしろ、こちらの強みは、別の三点であると心得ております」

そして続けた。

「一つ目は、このツール群から生み出される多量のデータをどのように何に活かすかを理解して、フル活用できるノウハウと組織・人員・仕組みを持っていること。チョコ停対策・原価低減活動・品質向上などに応用しています。

二つ目は、遠隔サービスの源泉となっている、〝暗黙知を形式知に変換させる〟ことを生み出せるエンジンを、組織・人員・仕組みに備えていて、熱処理工程に加え、コーティング工程までは投入できている。さらに、切削工程もサービス化目前まで来ています。必要であれば、すぐに実現できます。

何より最大のポイントは、典型的な日本の中小製造業であるケイテックが、実際に活用して大きな成果をあげているという事実が信頼のブランドとして重要だと思っています。日本の製造業は素晴らしい現場を持ちながら、第４次産業革命にはまだ乗り切れていない。巨大市場と考えています」

ひと息ついた後、さらに藤堂は発言を続けた。

「これらのツール群を提供する会社を弊社とは別に作りたい。そこで浦田機工にも資本参加をお願いしたい。この領域はもともとは専門外ということもあり、是非ともお力添えを賜りたい。利用者を広く集めるという観点から、自社一〇〇％子会社ではなく、御社の他、ＫＷエンジニアリングにも資本参加を呼びかけ、快諾を得ています」

浦田はすこし時間を置いて、こう質問した。

「三社で新会社設立ですか。これは予想外の提案で、少し驚きました。でも、時代の流れからいって、いまはまさにその時かもしれないですね。それで、株主構成はどのようにお考えでしょうか？」

藤堂は浦田の反応に手応えを感じていた。

「はい、資本参加は浦田機工、ＫＷエンジニアリング、そして弊社の三社だけです。これ以上、いたずらに株主を増やすつもりはありません。三社とも日本の中小製造業の第４次産業革命対応を何とかしたいという志を持っている同志であると考えています。一緒に仕事をしてきた仲間です。株主比率は、御社四四％、ＫＷエンジニアリング五％、弊社五一％。資本金は一億円を考えています」

さらに続けた。

「実は、クラウドのアプリケーションをＡＰＩ（アプリケーション・プログラミング・インターフェイス）で組み合わせているのが基本で、大きな投資や資産を持っているわけではありません。何より当社が既に第一号ユーザーです。テイクオフには大きな問題はないと思っています」

「非常に興味深いお話です。第４次産業革命の領域は、ＡＰＩなどのモジュール間インターフェイスの国際標準化がかなり進んできています。サービスのメニューを拡大することは比較的容易になってくるでしょう。

既にドイツの製造業は動き始めているようです。もっとも、日本の製造業は一見競争相手にみえるドイツの製造業のインダストリー・クラウドサービスを活用しないでしょうし、ドイツの製造業も日本市場は手ごわいので、あまり本格的にマーケティングは仕掛けてこないと思います」

浦田の話し方はゆったりしているが、その分析は鋭い。さすがの藤堂も舌を巻いた。浦田は話を続けた。

「つまり、日本の中小製造業にフォーカスしてマーケティングを行うことで、このサービスは独自のポジションを獲得できそうですね。取締役会に掛けないと正式にはお返事できませんが、個人的には協力したいと思います」

浦田がきっぱりと言い切ったので、藤堂はほっとした。

「是非、前向きに検討していただきたい。事業計画書はまだラフな資料しかありませんが、最終版ができ次第、送ります」

「すぐにお帰りですか？」

「明日の午前中にアポが入っているので、泣く泣く東京にとんぼ返りです。中洲で水炊きと胡麻鯖を食べたかったのですが……次回までお預けです」

「それは残念です。次回は、早めにお知らせ下さい。私が贔屓にしている水炊き屋さんがあります。ご馳走します」

「それは楽しみです」

帰りの飛行機の中で、藤堂は以前に河島が口にした第4次産業革命に関する謎のフレーズを思い出していた。

「その本質は、サイバー・フィジカル・システム（CPS）により製造業のサービス化を加速するための産業政策としての国際標準化活動だ」

藤堂は謎のフレーズの意味がようやく少し理解できた気がした。

「そういうことだったのか。これがグローバル・エコシステムをオープンイノベーションで競争しながら創造していくということなのか。もっと、わかりやすく言ってくれれば良かったのに。もっとも、あのときの俺には、ゆっくり話を聞く余裕は全くなかったが」

藤堂はあっという間に眠りに落ちた。

終章 *Epilogue*

フォースサポート、東証マザーズ上場

1

一カ月後、浦田から藤堂に連絡があった。浦田機工の取締役会で新会社への出資が承認されたという。予定通り、三社出資による新会社が設立された。社名は第４次産業革命を支援するという思いから、「フォースサポート」に決まった。

新会社の社長は藤堂、副社長に浦田が就任し、三社からの出向者とクラウド技術に関心がある製造業の支援をやっていたＩＴ企業から若手の移籍組の五〇人体制でスタートした。ケイテックの遠隔サービスの成功事例もあり、その子会社のフォースサポートは順調に顧客を増やしていった。

やがて、フォースサポートにとって、画期的な出来事が起きた。トーカイが海外向け生産拠点で全面的にフォースサポートのクラウドサービス採用を決定したのだ。ケイテックの遠隔サービスの効力に着目していたトーカイが採用に踏み切った裏には、調達部長となった黒岩の働きがあった。

やがて、フォースサポートはトーカイの採用をきっかけに大口顧客を獲得していき、第4次産業革命のツールを提供するプラットフォームとしての地位を固めていった。わかりにくい第4次産業革命のツールやソリューション・サービスがワンストップで揃うことが好評だった。サービス開始から二年間で四〇〇社が利用、売上高五〇〇億円、従業員はスタート時の三倍の一五〇人以上に拡大した。

この周辺サービスを提供しているケイテック、浦田機工、KWエンジニアリングをはじめとしたサービス・プロバイダーもフル操業が続くほど、クラウドサービスのエコシステムが機能した。このプラットフォーム上でデータ分析を行う海外を含め複数のシミュレーションをサービスに組み入れたことも評価された。フォースサポートが提供するプラットフォーム上にエコシステムが形成されはじめた。

ケイテックはこのプラットフォーム上のサービス・プロバイダーとして遠隔サービスを提供しており、現在では国内二〇〇カ所、海外八〇カ所に提供していた。

サービスコンセプト

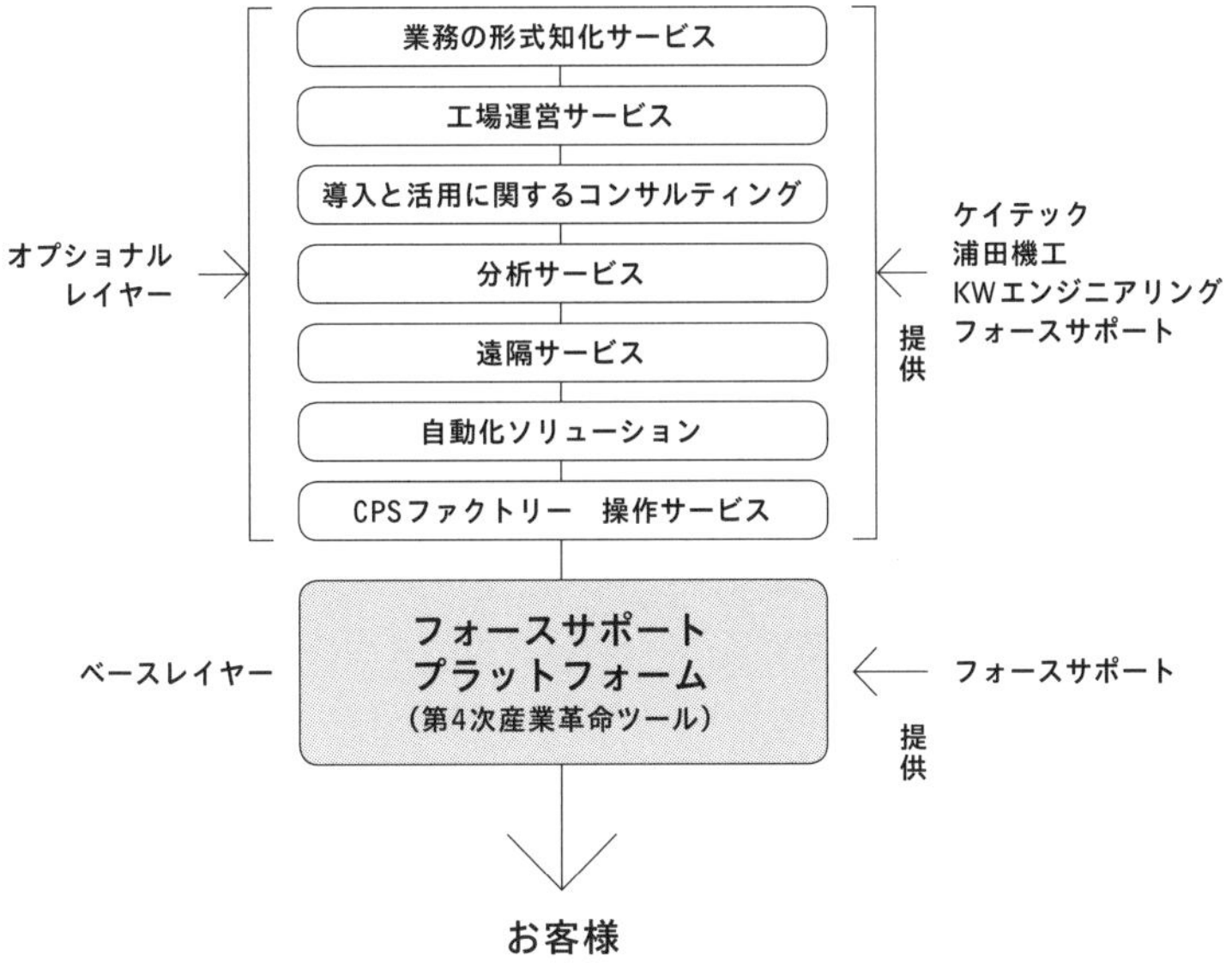

成長規模に応じた投資資金を調達するため、フォースサポートは東証マザーズ上場の準備を開始した。準備は順調に進み、類似サービスを展開している競合もいないこと、総資産利益率（ROA）が高く、サービス事業であるため収益が安定していること、さらなる成長期待などから、株式公開（IPO）後の株価は順調に推移し、時価総額は二週間後には一〇〇〇億円を突破した。

IPO後、東京証券取引所で記者会見した藤堂は質問を受けた。

「フォースサポートは、顧客も

ソリューション・プロバイダーも複数参加しているプラットフォーム型の面白いビジネスモデルですね。どこまでサービスの拡大を予定していますか？」

経済専門誌の若い記者が口火を切った。

「お客様の望むものは可能な限り提供しようと考えています。もともと海外を含め他のソリューションも、趣旨に賛同さえいただければ、ＡＰＩ（国際標準のモジュール間インターフェイス）を活用して、このプラットフォームで提供できる仕掛けになっています。その件は来月にプレス発表の予定です」

藤堂は簡潔に答えた。

「フォースサポートは、親会社の株式時価総額を大幅に超える状態になっています。親会社のケイテックはものづくりを続けますか？」

大手新聞社のベテラン記者が尋ねた。

「ケイテックの社長の立場で発言します。ケイテックのものづくりは、フォースサポートの仕組みの根幹です。上場したので中立な立場にはなりますが、一顧客としてどんどんニーズをぶつけていくつもりです」

失礼な質問に対して腹を立てていることを悟られないように、藤堂は冷静を装って答えた。

別の経済誌の女性記者から質問が出た。

「フォースサポートの今後の展開、グローバル化、海外進出に関してはどうお考えでしょうか？」

「当社は日本の製造業から生まれた会社ですので、まず日本の製造業を支援する業務を手掛けていきたい。既にＩＰＯ前のロードショー時にも機関投資家に説明していますが、基本は日本の中小製造業の海外進出を支援していきたい。そのためにまず国内の仕組みを第４次産業革命に適応できるようにアップグレードしていただきたい」

藤堂の話はここから大きな問題へと展開した。

「そうでないと、海外工場がマザー工場になり、本社は海外に移転、海外を独立させて日本は廃業ということも長期的には考えざるを得ない危険性を感じています。それ以前に事業承継問題で廃業せざるを得ないという会社が実に多い。事業承継できない大きな理由は、経営技術や製造技術・ノウハウのモデル化・形式知化・組織知化・システム化ができていないことです。

ケイテックも実は同じでしたから事情はよくわかります。日本が誇る現場の力を次世代に引き継いでいってほしい。難しい話ではありません。ＩＴが格段に進歩しているからです。われわれはそれをユーザーとして実現してきました。日本の中小製造業の強みも弱点もよく存じています。われわれだけができることも大きいと考えて起業しました」

藤堂の堂々たる所信表明が放つ放射熱に、日頃はやや醒めた態度の記者たちも圧倒されたようだった。

2

一カ月後、フォースサポートはメディア向けにプレス発表を行った。内容は自社のサービス拡大に関する将来計画だった。

藤堂は具体的な計画を語った。フォースサポートを中心として、ケイテック、浦田機工、ＫＷエンジニアリングの四社で新しいサービスの提供を一年後に開始する。内容は、第４次産業革命ツールの導入と活用に関するコンサルティング・サービスと工場運営サービス、そしてプロフェッショナル業務、要は現場の匠の技の形式知化サービスの提供である。

レベル１・２とも、フォースサポートの誇る「スマート・マニュファクチャリング・ソリューション」というプラットフォームを活用して、柔軟かつ迅速な製造のオペレーションを実現するものだ。

（1）工場運営サービスの内容は、レベル別に二種類提供する計画である。

「レベル１」では、データに基づき顧客の工場の運営管理に関するカイゼン提案を行うサービスとなる。

スマート工場のデータを取るだけではなく業務の「カイゼン」を提案するサービスを実施する。具体例として、

●顧客の工場内の設備を改造し、QRや電子タグを用いて工場内のモノの動きを把握

●工場内のマテリアルフロー自動把握

●製造設備等から稼働状況のリアルタイム把握

などの仕組みを構築する。

これらインフラからのリアルタイム情報から、

・総合設備効率（OEE）

・平均故障間隔（MTBF）

・平均修理時間（MTTR）

・段取り替え時間

・刃物交換時間

・チョコ停率

・製品ごとのサイクルタイム

などを算出し、カイゼン課題の発見からカイゼンの結果評価までを顧客のエージェントとして行う。

さらに、生産性向上、収益性向上、予知保全を目的に、

●設備停止要因の発見とダウンタイム（稼働停止時間）低減

●ボトルネック工程の発見と対処

●製造設備の効率的活用

を実施する。

「レベル2」では、工場の管理・助言に留まらず、フォースサポートが主体となり、顧客の人員を活用しながら、製品生産のオペレーションを実施し、製品出荷まで顧客のエージェントとして支援する、いわばアセットを持たないEMS支援サービスということになる。提供価格の何％かをサービスフィーとして獲得するビジネスモデルである。

さらに、レベル1の運営管理機能を応用し、成功報酬型で顧客の利益拡大にも貢献する。

（2）現場の匠の技の形式知化サービスは、「プロフェッショナル・サービス」と名付けられ、従来、熟練工が行い、暗黙知になっていた業務を、ケイテックのノウハウを活用して形式知に置き換え、熟練工以外の工員でも比較的安定的に生産できる仕組み作りを構築するサービスである。

このように藤堂は将来計画を説明し、その後、質疑応答に移った。

「このような踏み込んだサービスの提供をなぜ決定したのでしょうか？」

ある経済新聞社の若手記者が尋ねた。

「微力ながら日本の製造業を支援したいと考えました。スマート工場の構築・管理支援・運営に至るサービスを思い切って投入しました。日本はものづくりに最適な場所です。日本人はじめに品質をとことん突き詰める気性で、ものづくりと相性が良いと感じています」

ここでも藤堂は熱弁を振るった。

「一方、日本の製造業は品質は優れていますが、それ以外の点で諸外国との競争に負けてしまうケースも多く見られます。実にもったいない。そんな日本の製造業への力添えをしたい思いでものづくりのお伝いを仕組み化したのです。仕組みさえあれば、日本の製造業の現場技術者は世界一の水準です」

ここで藤堂は目頭が熱くなった。そして、一拍置いて続けた。

「そのような技術者が、まさに素手で、ＩＴを装備した新興国と競争している。これは果たしてどうでしょうか。私はそこに大きなビジネスチャンスがあると考えたわけです。日本のものづくりは、まだまだ世界で戦えます。そのお手伝いをしようとこのサービスを提供する次第です」

藤堂は力強く自らの思いを込めた。

「プロフェッショナル・サービスは、どのような人の利用を想定していますか？」

別の記者が尋ねた。

「特に想定はしておりません。熟練工の業務を形式知化したいお客様にしっかり提供したい。ただし、熟練工の方が社内にいらっしゃらないとサポートは極めて困難になりますので、熟練工の方が引退される前に是非ともお声掛けいただきたい。どこも現場の高齢化が進んでいますので、あまり猶予期間はないと私は思います」

記者会見は終わった。立ち上がりながら、藤堂の胸中にふつふつと闘志が湧き上がってきた。次の飛躍の方向性がくっきりと見えたからだ。

「よおーし。やるぞ」

会見が終わりに差しかかった頃から、沈む夕陽が会見場の右手の窓を通してくっきり見えていた。藤堂は夕陽に向かって勢いよくラグビーボールを蹴るイメージを思い浮かべ、会見場を後にした。

COLUMN

安倍総理のハノーバー宣言とオープン・イノベーション

ドイツ・ハノーバーで二〇一七年三月に開催されたＩｏＴ、ビッグデータ、ＡＩ、ロボットなど先端技術を活用した「Ｂ to Ｂソリューション」の世界最大級の展示会、国際情報通信技術見本市「ＣｅＢＩＴ２０１７」のウェルカム・ナイト・セッションに登場した安倍晋三総理は、第４次産業革命についてスピーチした。その主要部分は以下の通り。

「ハノーバー宣言」と私たちは名づけました。中身の詳細はすぐ明らかになりますから、私はむしろ、宣言が立脚する土台について思うところをお話しさせていただきたいと思います。

第一に、今やマシンに対して新たな定義が必要となりました。ＡＩを身にまとい、あるいはロボットとなるマシンは、もはや狭い単一機能だけを満たすものではありません。人の一生につきまとう問題、例えば健康。地球規模で生じるチャレンジ、例えばエネルギーの供給。これからのマシンは、それらの問題を解く使命を担います。

製造業が変わります。問題を解くインダストリーになる。一個の機械ではできず、一社の技術でもできません。一つの国だけで、できないことばかりであります。だとすると第二に、私たちはつながりを、殊の外、大切にしなくてはなりません。

機械と機械、システムとシステムをまとめる、そのまたシステムとの連携。それらと人間の世代をまたがる関係。そしてもちろん、国や企業という人間の集団同士。そこにどんなつながりを作るのか。そのデザインにおいて、政府、ビジネス、学界が、知恵を絞り競い合っていく時代であります。協力と協働が、付加価値を作り成長を促す時代であります。

そこで第三に、そして最後に強調したいのが、教育の大切さ、規格の重要性です。メルケル首相に訊いてみましょう。幼いころ鉱石ラジオを作りませんでしたか。ドイツでメルケル首相が見たラジオの回路図は、日本で私が見たものと同じだったはずです。回路図とは偉大な共通語でした。

複雑な問題をシステムとして考え解かなければならない時代、ものは皆、そして人は皆、つながる時代には、新しい記述法、モデルの書き方、共通の規格が必要になります。

これを日本とドイツ、一緒に考えましょう。教育の方法を、共通の規格を、共に開発しましょう。それができるのは、誰よりも私たち、ドイツと日本だと思います。

どうしてか。それは、ドイツ人も日本人もものを作ることに誇りを託し、無上の喜びを感じる人間たちだからです。会場の皆様も強く御賛同いただけるのではないでしょうか。

皆様、ドイツの、欧州の、そして日本の未来に大切なものは、たったの三つしかありません。第一、イノベーション。第二、イノベーション。そして第三が、イノベーションであります。

安倍総理の「ハノーバー宣言」では、産業のグローバル・エコシステムをオープンイノベーションで創造していこうという産業政策の新しい姿がわかりやすく説明されている。だが、こうした産業政策の大転換は、不思議なことに日本国内では腑に落ちるものとして報道されることはなかった。

COLUMN

国際物流における第4次産業革命でも出遅れた日本

国際物流業務は、いち早く国際標準のＥＤＩ（Electronic Data Interchange）が発達した領域である。インターネットの普及により、活用は一層安価になって普及している。国際標準のＥＤＩを採用している税関や港湾局、荷主、通関事業者他の関連主体は、世界中の会社との直接の情報交換が可能となっている。つまり、貨物の船積依頼書（シッピング・インストラクション）から、船腹のブッキング、通関の申告、貨物の追跡（今、どこにどういう状態であるのか、通関はリリースされたのか等）などの問い合わせ情報までが、すべてオンラインで自動的にやり取りできる仕組みとなっている。

例えば、ＧＸＳ社（現在は買収されOpentextグループ傘下）やDescartes社のサービスを活用すると、世界中どこの会社とも貿易物流に関わる情報交換（ブッキング、トラッキング、決済まで）が可能となっている。

これに対して、日本ではこうしたグローバルな標準がそのまま活用できる仕組みにはなっていない。また、海外から日本国内のネットワークに参加できる状態にもない。このため、このような国際標準のＥＤＩを駆使した国際貿易物流サービス事業のネットワークには参加していないのは、アジアでは日本の他には北朝鮮ぐらいだ。こうした状況に危機感を持つ日本の国際貨物取扱事業者や船会社などは、システム開発や運用を既に海外に移管する企業も出てきている。

コンテナターミナル運営で注目されるシンガポール港湾局

この領域でもっともグローバルな事業展開に成功したのがシンガポール港湾局（ＰＳＡ）である。ＰＳＡは、国際標準ＥＤＩを活用したコンテナターミナルの運用サービス事業を、ソフトウェアを活用してグローバルに展開することに成功した。いわば、運輸事業における第４次産業革命の実現である。

ＰＳＡは、いわゆる貿易物流関連手続きに関わる多数の関係主体の間での情報交換の仕組みが一九八九年に国際標準化されたことを活用し、荷主、船会社、フレートフォワーダー、カスタムブローカー、税関等とコンテナターミナルとの間のコミュニケーションを全て国際標準ＥＤＩで行うことに取り組んだ。さらに複雑で巨大な規模のコンテナターミナルのハンドリング業務に対し、最適化アルゴリズムを駆使した最先端のコンテナターミナルのオペレーションシステムを構築した。

仕組みの概要は、以下の通り。

①四八時間前にコンテナ船の積み付けプランを船会社から申告させる
②引き取りに来るトラックとは分単位での引き取り時間の予約を確定させる
③大口コンテナ船会社には、バーチャル・デディケーテッドバース（仮想専用バース）サービスを提供し、待ち時間を事実上ゼロにコントロールする
④コンテナの搬入予定時刻とトラックの引き取り時刻から、全コンテナのハンドリングの最適化計算を実行しつつ、常時コンテナターミナルでのコンテナのシャッフリングを行う
⑤トラック引き取り時刻には、六～八段積みのコンテナの一番上に引き取るべきコンテナを配置しておく仕組みである。

このような高度なオペレーションにより、シンガポール港では輸入貨物の九八％は二四時間内の引き取りとなり、コンテナヤードの高度利用と、日本のコンテナターミナルの一〇倍を超える一バース当たりの取扱量の最大化を実現している。

さらに、ＰＳＡはこのコンテナターミナルの運用サービス事業をグローバルに展開することを考えた。いまや、香港のＨＩＴと並び、世界のコンテナターミナル運営をサービス事業として受託する事業展開を行い、大成功している。

またＰＳＡはシンガポールの二〇兆円規模のソブリンファンドＴＥＭＡＳＥＫの投資銘柄の一つとなっている。

あとがき

「世界に冠たる高品質の製造拠点」として名を馳せてきた日本の製造業は、円高やエネルギーコスト高という逆風にも耐え、ボリュームを追求する製品は海外生産、高品質で高付加価値な製品は日本に残すという棲み分けを行うことで、日本でのものづくりの命脈を保ってきた。

その日本の製造業に、爆発的な破壊力を秘めた第4次産業革命という新しい荒波がひたひたと押し寄せている。今度こそ、対応を誤ると産業そのものが根こそぎ破壊されかねない最大の危機である。

本書執筆の動機は、国内二五〇カ所を超える工場を訪ね歩いてきた経験を持つ製造業のコンサルタントとして、危機感の乏しい日本企業に警鐘を鳴らしたいと思ったからだ。

現状の日本企業を見ると、この第４次産業革命にどのように対応すべきか、考えあぐねているように見える。危機感を持って対処しようとしている企業はごくわずかだ。全体として危機感が薄く、対応は鈍い。

われわれは第４次産業革命をテーマとした講演会で話をする機会も多いが、聴衆の反応はいま一つだ。一時間程度の講演では、危機感を醸成するまでには至らない。多くの人に危機感をもってもらうにはどのような手段があるかを考える中で本書が生まれた。

第４次産業革命への課題を小説形式で解説した。できる限りリアリティを出したいと考えて技術的な記述をたくさん加えた。技術関連の記述にはフィクションもあるが、分かりやすさを優先させた。

本書を通じてネットワーク化・デジタル化が進展したときに生じる大きな環境変化を感じ、どのようなビジネスモデルを構築し、成長戦略をどのように描くべきか、読者が議論を深めるきっかけになってもらえれば幸いである。競合の動きも予想しつつ、自社の成長戦略を練り上げるところまで進めていただきたい。

最後に、本書執筆にあたり、熱くなりがちな我々に内容や構成に関して冷静かつ的確なアドバイスをいただいた日経ＢＰ社の黒沢正俊氏に心から感謝を申し上げたい。

著者略歴

藤野直明 *Naoaki Fujino*

大手コンサルティングファーム主席研究員。早稲田大学理工学部卒業、東京大学大学院工学研究科博士課程修了。日本オペレーションズ・リサーチ学会フェロー。ＲＲＩ・ロボット革命イニシアティブＷＧ１（ＩＩＯＴ第４次産業革命ＷＧ）情報マーケティングチーム・リーダー。著書に『サプライチェーン経営入門』（共著）など。

梶野真弘 *Masahiro Kajino*

大手コンサルティングファーム上級コンサルタント。東北大学大学院工学研究科原子核工学修了。著書に『電子決済ビジネス』『企業通貨マーケティング』（ともに共著）。

小説 第４次産業革命 日本の製造業を救え！

２０１９年４月22日　第１版第１刷発行

著者　藤野直明　梶野真弘
発行者　村上広樹
発行　日経ＢＰ社
発売　日経ＢＰマーケティング
〒１０５−８３０８　東京都港区虎ノ門４−３−12
https://www.nikkeibp.co.jp/books/

イラストレーション　一乗ひかる
ブックデザイン　新井大輔
製作　アーティザンカンパニー
印刷・製本　中央精版印刷

ISBN978-4-8222-8965-2

本書籍に関するお問い合わせ、ご連絡は左記にて承ります。
https://nkbp.jp/booksQA